U0726515

高校法学专业课程教学理论与实践研究

章晓丹　著

中国商务出版社
·北京·

图书在版编目（CIP）数据

高校法学专业课程教学理论与实践研究 / 章晓丹著
-- 北京 ：中国商务出版社，2023.11
　ISBN 978-7-5103-4826-6

　Ⅰ．①高… Ⅱ．①章… Ⅲ．①高等学校－法学教育－
教学研究－中国 Ⅳ．①D92-4

　中国国家版本馆 CIP 数据核字（2023）第 175399 号

高校法学专业课程教学理论与实践研究

GAOXIAO FAXUE ZHUANYE KECHENG JIAOXUE LILUN YU SHIJIAN YANJIU

章晓丹　著

出　　　版：中国商务出版社
地　　　址：北京市东城区安外东后巷 28 号　　邮编：100710
责任部门：发展事业部（010-64218072）
责任编辑：李鹏龙
直销客服：010-64515210
总 发 行：中国商务出版社发行部（010-64208388　64515150）
网购零售：中国商务出版社淘宝店（010-64286917）
网　　　址：http://www.cctpress.com
网　　　店：https://shop595663922.taobao.com
邮　　　箱：295402859@qq.com
排　　　版：北京宏进时代出版策划有限公司
印　　　刷：廊坊市广阳区九洲印刷厂
开　　　本：787 毫米 ×1092 毫米　1/16
印　　　张：8.25　　　　　　　　字　　数：183 千字
版　　　次：2023 年 11 月第 1 版　　印　　次：2023 年 11 月第 1 次印刷
书　　　号：ISBN 978-7-5103-4826-6
定　　　价：65.00 元

前言 PREFACE

法学作为一门古老而庄严的学科，一直以来都发挥着促进社会进步与稳定的作用，而高校法学专业作为培养法学人才的重要阵地，其课程设计与教学质量直接关系到法学教育的质量与成果。然而，随着社会的不断发展和进步，高校法学专业面临着新的挑战和机遇。如何根据时代背景和社会需求，优化法学专业课程设置，提高教学质量，培养符合现代社会发展要求的法学人才，成为我们亟待解决的问题。

本书结合了广泛的文献资料和实证研究，涵盖了高校法学专业课程设计的多个方面。第一章介绍研究的背景、目的以及重要性，为读者提供全局性的认知。第二章深入探讨高校法学专业课程设计的原则，旨在为课程设置提供指导性意见。第三章着重介绍高校法学专业课程教学方法，探讨学生参与互动的教学策略。第四章对高校法学专业课程评估与质量保障进行深入分析，确保教学质量的提升。第五章探讨高校法学专业实践教学与校外实习，培养学生的实践能力与综合素养。第六章关注高校法学专业的跨学科融合与学生综合素养培养，为培养法学人才的综合能力提供支持。第七章讨论高校法学专业教师发展与教学改革，促进教师专业素养与教学水平的提升。

本书旨在探讨高校法学专业课程的优化与改进，以适应不断变化的社会需求。

希望本书可以为高校法学专业课程设计与教学改革提供一些启示与参考。同时，也希望本书能够引起更多学者和教育工作者对法学专业教育的关注，共同探索培养优秀法学人才的有效途径，为构建法治化社会贡献力量。

作者

2023.7

目 录 CONTENTS

第一章 导论

第一节 研究背景和目的

一、研究背景

法学作为一门古老而庄严的学科，其研究对象涵盖国家治理、社会秩序、公平正义等重要领域。在现代社会，法学不仅是国家法律制度的基础，也是维护社会稳定和公平正义的重要保障。

随着全球化与信息技术的迅猛发展，社会发展进入了一个高速变革的时代。科技创新、经济全球化、社会多元化等新的挑战和机遇不断涌现，给高校法学教育带来了新的需求和压力。传统的法学教育模式面临着适应不足的问题，只有课程设置和教学方法与时俱进，才能更好地满足社会对法学人才的要求。

在这一背景下，本书旨在深入探讨高校法学专业的课程设计与教学改革问题，寻找优化法学专业教育的策略和方法。通过分析现有课程设置和教学模式中存在的问题，探讨如何更好地培养学生的综合素养、实践能力以及跨学科能力，以适应社会对法学专业人才的新要求。

二、研究目的

本节旨在介绍研究的背景和目的。本书旨在探讨高校法学专业课程设计与教学改革，以提高法学人才的培养质量，满足社会对法学人才的需求。具体目标如下：

（1）分析高校法学专业课程设置的现状与问题，寻找优化课程设置的策略。

（2）探讨法学专业课程设计的基本原则，为课程改革提供指导。

（3）研究法学专业教学方法的选择与运用，以提高教学效果与学生参与度。

（4）探讨法学专业实践教学与校外实习的有效组织方式，培养学生的实践能力。

（5）分析法学专业课程评估与质量保障体系的建设，确保教学质量的持续改进。

（6）研究法学专业教师发展与教学改革的支持体系，提高教师教学水平和专业素养。

通过对以上目标的研究，本书旨在为高校法学专业的课程设计与教学改革提供理论支持和实践指导，促进法学人才培养质量的提升。

第二节 研究问题和重要性

一、研究问题

高校法学专业在课程设计与教学改革过程中，涉及的问题颇多。其中，重要的问题包括：

（1）高校法学专业课程设置是否符合社会需求和法学人才培养目标？

在知识爆炸的时代，法学知识不断更新，法学专业人才需求也在不断变化。高校法学专业课程的设置是否能够与社会需求和法学人才培养目标相匹配，是否能够培养适应社会发展需求的高素质法学人才，是值得研究的问题。

（2）如何更好地融合法学专业与其他学科，提高学生综合素养培养效果？

法学专业与其他学科之间存在着紧密的联系，融合跨学科内容可以拓宽学生的知识视野，提高其综合素养。在实际教学中，如何有效地融合不同学科的内容，如何构建合理的课程体系，需要深入探讨。

（3）如何有效地组织实践教学与校外实习，增强学生的实践能力？

实践教学和校外实习是培养法学专业学生实践能力的有效途径。然而，如何选择合适的实践内容和实践形式，如何将实践与理论知识相结合，是需要解决的难题。另外，实践教学的组织与管理也需要精心安排，确保学生能够获得有效的实践经验。

（4）如何选择合适的教学方法，提高教学效果与学生参与度？

教学方法对课程的教学效果和学生的学习体验感有着重要影响。在高校法学专业课程中，如何灵活运用多种教学方法，激发学生学习的兴趣，提高学生的参与度和主动性，是需要研究的问题。

（5）高校法学专业的课程评估与质量保障体系如何建设，确保教学质量持续改进？

课程评估和质量保障是高校法学专业课程建设的重要环节。如何建立科学合理的课程评估体系，如何利用评估结果进行教学质量改进，以确保课程质量持续提高，是值得探讨的问题。

（6）如何支持法学专业教师的发展与教学改革，提高教师的教学水平？

教师是高校法学专业教育的核心力量。如何为法学教师提供专业发展和教学改革的支持体系，提高教师的教学水平和教学质量，是需要研究的重要问题。

以上问题的解决涉及多方面的因素，包括教学内容设计、教学方法选择、实践教学组织与管理、教师培训等。研究这些问题具有重要的理论和实践意义，对高校法学专业教育的发展和法学人才的培养具有积极的推动作用。在本书中，将对这些问题进行深入研究，并提出相应的建议和解决方案，以期为高校法学专业课程设计与教学改革提供有益的借鉴和参考。

二、研究重要性

本节旨在阐述研究问题的重要性。高校法学专业的课程设计与教学改革是法学教育的核心问题，涉及培养法学人才的根本任务。其重要性主要表现在以下几个方面：

（一）适应社会需求

社会对法学人才的需求不断变化，高校法学专业需要根据社会发展的需要进行相应调整和改革，以培养适应时代发展要求的法学人才。

（二）提高教学质量

优化课程设置、改进教学方法以及建立科学的评估体系，有助于提高教学质量，培养优秀的法学专业学生。

（三）加强实践能力培养

实践教学与校外实习是法学专业学生培养的重要环节，通过研究如何有效组织实践教学，可以提高学生的实践能力和综合素养。

（四）推动教学改革

研究高校法学专业的课程设计与教学改革，可以为推动教学改革提供有益的经验与启示，促进法学教育的不断发展。

（五）支持教师发展

教师是法学教育的重要主导力量，支持教师的发展与教学改革，有助于提高教师的教学水平和专业素养。

通过对上述问题的深入研究，可以为高校法学专业的发展提供一些建设性的意见和建议，进而推动法学教育的不断进步与完善。

第三节　研究方法和本书结构

一、研究方法

在探讨高校法学专业课程设计与教学改革的过程中，本书将采用以下研究方法：

首先，本书将采用文献综述的方法，对高校法学专业课程设计与教学改革的相关文献进行全面梳理和分析。通过查阅学术期刊、教育研究报告、教育部门发布的政策文件等，了解国内外高校法学专业课程设计与教学改革的最新动态和研究成果，为本研究提供理论依据。

其次，本书将采用问卷调查的方法，收集高校法学专业学生和教师的意见和建议。通过设计问卷并广泛发放，了解学生对课程设置、教学方法和实践教学的满意度和需求，同时了解教师对教学方法和教师发展支持的看法。问卷调查将为本研究提供大量实证数据，有助于深入了解高校法学专业课程设计与教学改革的现状和问题。

再次，本书将采用实地访谈的方法，与高校法学专业的教师和学生进行深入交流。通过面对面的访谈，可以更加全面地了解教师和学生对课程设计和教学方法的看法，获取更加细致和深入的信息。实地访谈将为本研究提供丰富的案例数据，有助于揭示问题的本质和根源。

最后，本书将采用定量和定性相结合的数据分析方法。对问卷调查和实地访谈所获得的数据，将采用统计分析方法进行定量分析，如频数分布、相关分析等。同时，将采用内容分析和归纳法进行定性数据的整理和解释。通过综合分析不同类型的数据，加强研究结果的可信度和科学性。

二、本书结构

本书旨在研究高校法学专业课程设计与教学方法的优化，探讨如何提高法学专业学生的综合素养和实践能力。研究结构分为以下几个部分：

第一章为导论，首先介绍研究的背景和目的，指出高校法学专业课程设计与教学方法的问题和重要性，明确本研究的目标和意义。接着介绍研究方法和本书结构，阐述本研究的研究设计和数据处理方法，以及本书的章节安排。

第二章为高校法学专业课程设计原则，首先探讨法学专业课程的特点和要求，深入了解法学专业学生的学科特点和培养目标。其次，研究法学专业课程设计的基本原则，包括适应社会需求、强调实践能力培养、注重综合素养的培养等，为后续优化课程设计提供理论支持。最后，通过实践案例分析，探讨实际课程设计中遇到的问题和解决方法。

第三章为高校法学专业课程教学方法，首先探讨教学方法的选择与运用，研究不同教学方法在法学专业课程中的应用。其次，研究学生参与互动的教学策略，关注学生在课堂中的主体地位和积极参与。最后，探讨多媒体技术在法学教学中的应用，以提高教学效果和学生学习体验。

第四章为高校法学专业课程评估与质量保障，首先研究法学课程评估的目的与方法，探讨如何科学评价课程的教学效果。其次，研究学生学习成果评价与反馈机制，关注学生的学习情况和反馈意见。最后，探讨构建质量保障体系，确保课程教学质量和持续改进。

第五章为高校法学专业实践教学与校外实习，首先研究实践教学的重要性与形式，关注实践教学对学生能力培养的影响。其次，讨论校外实习的组织与管理，探讨如何提高实习的质量和效果。最后，研究实践教学对法学专业学生的影响与价值，分析实践教学在学生职业发展中的作用。

第六章为高校法学专业跨学科融合与学生综合素养培养，首先研究法学专业与其他学科的融合与合作，探讨如何促进跨学科合作。其次，研究法学专业学生综合素养的培养策略，关注学生综合能力的提升。最后，探讨法学专业学生跨学科能力的提升，研究跨学科能力培养的有效方法。

第七章为高校法学专业教师发展与教学改革，首先研究法学专业教师的专业素养要求，关注教师在课程设计和教学方法上的能力要求。其次，讨论教师发展与教学改革的支持体系，探讨如何提供教师培训和教学改进的支持。最后，通过实践案例，探讨法学专业教师培训和教学创新的实践经验。

通过以上章节的安排，本节将全面探讨高校法学专业课程设计与教学改革的问题和解决方法，为提高法学专业学生综合素养和实践能力提供理论和实践支持。同时，通过实践案例和数据分析，本书将力求全面客观地展示研究成果。

第二章　高校法学专业课程设计原则

第一节　法学专业课程的特点和要求

一、法学专业的学科特点

法学专业作为一门综合性学科，具有多方面的学科特点，这些特点影响着法学专业课程的设置和教学方法，也对法学人才的培养提出了一系列要求。

（一）艰深的理论性

法学作为一门理论性较强的学科，涵盖了广泛而复杂的法律体系和法律规则。学生在学习法学专业课程时，需要掌握大量的法律概念、原则和规则，深入了解不同法律领域的基本理论。他们需要学习法学的基本知识体系，探讨法律的本质和法律规则的制定原则，以及不同法律学派的理论观点。这需要学生具备较强的学科基础和学习能力，通过深入学习和思考，形成对法学理论的深刻理解。

首先，学生在法学专业学习中需要熟悉各个法律领域的概念和内涵。法律体系庞大而复杂，涵盖了民法、刑法、行政法、商法、劳动法等众多分支。学生需要了解每个领域的基本概念和法律规则，从而建立起系统而全面的法律知识框架。

其次，理解法律的基本原则和制定原则对学生来说是至关重要的。法律的制定和适用都离不开一定的原则和理念。例如，法律的公平正义原则、法治原则等都是法律体系中的基本准则。学生需要深入理解这些原则，了解它们在法律体系中的地位和作用，为将来的实践应用打下坚实基础。

最后，法学专业涉及不同的法学学派和思想流派。学生需要了解不同学派的理论观点和学术争议，例如，自然法学与法律实证主义、解释学派与实用主义等。这些不同学派的观点在法学理论和实践中都有重要的影响，学生需要通过深入学习，理解和分析这些不同观点的优势与不足，培养批判性思维，形成自己对法学问题的独立见解。

由于法学专业的理论性较强，学生需要具备较强的学科基础和学习能力。他们需要进行大量的阅读、研究和思考，深入学习法学的各个方面，从而形成对法学理论的深刻理解。因此，高校法学专业课程应该注重培养学生的学术研究能力和批判性思维，引导他们主动探索和思考法学问题，为将来的法学研究和实践打下坚实的理论基础。

（二）实践性与灵活性

实践性是法学专业的重要特点，它强调将理论知识应用于实际问题的能力。在法学专业课程的教学中，高校应该注重培养学生的实践能力，使其能够灵活运用所学的法律理论知识解决实际法律问题。

首先，高校可以通过模拟法庭、法律实习等实践教学活动来培养学生的实践能力。模拟法庭是一种模拟真实法庭环境的教学形式，学生可以在其中扮演法官、律师或当事人的角色，通过模拟法庭辩论和案件审理，提高学生的法律分析、辩论和判断能力。另外，高校还可以安排学生参加法律实习，让他们在实际工作环境中接触真实的法律案例，了解法律实践的具体操作模式，从而提高其解决实际法律问题的能力。

其次，高校的法学专业课程设置应该注重实践性。在教学内容的安排上，可以增加案例分析和实际问题解决的环节，让学生在课堂上通过分析实际案例，运用所学的法律理论知识，寻求解决方案。此外，高校还可以组织学生进行实地调研，走近实际法律环境，了解社会实践中的法律问题，加深对法律实践的认识。实践性教学的目的是使学生能够更好地将理论知识运用于实际工作中。通过实践教学的方式，学生可以在实际环境中体验和解决真实的法律问题，提高他们的实际操作能力和问题解决能力。另外，实践教学也有助于学生更加深入地理解和掌握法律理论知识，使其不是空洞的理论知识，而是具有实际运用价值的工具。

最后，法学专业的实践性也要求学生具备灵活性。法律问题通常具有复杂性和多样性，不同的问题需要采取不同的解决方法和策略。学生在实践中需要能够视不同情况做出灵活判断和决策。这就要求学生在学习过程中培养批判性思维和创新能力，不仅要掌握传统的法学理论和方法，还要学会运用灵活多样的思维方式，创造性地解决问题。

因此，高校法学专业的课程设置和教学方法应该注重实践性教学，通过模拟法庭、法律实习、案例分析、实地调研等教学活动，培养学生的实践能力和解决问题的灵活性。同时，学校应该为学生提供丰富的实践机会，让他们在实际工作中不断锻炼和提高自己的实践能力，为其将来的法律职业发展打下坚实的基础。

（三）不断更新的知识

随着社会经济、科技、文化等各个领域的不断进步，法律问题也日益复杂多变。因此，高校法学专业的课程设置必须具有灵活性和包容性，能够及时引入最新的法律理论和实践经验，确保学生获得最新、最全面的法学知识。

首先，高校应该建立一个灵活的教学体系，以便迅速响应法学领域的变化。教学计划和教材需要经常进行修订和更新，让其及时反映法律法规的最新修订情况和重大法律事件的影响。高校可以设立专门的课程开发和更新团队，负责收集最新的法学研究成果和实践经验，根据新的法律变化和社会需求，对课程计划进行及时修订和调整。

其次，高校应该积极鼓励学生进行科研和学术研究，以培养学生的学术探究精神和持续学习能力。学生可以参与法学研究项目或加入法学学术团体，了解前沿的法学研究进展，深入探讨法学领域的热点问题。高校可以为学生提供丰富的学术资源和科研平台，鼓励他们积极参与学术交流和学术会议，与其他法学学者进行深入交流，拓宽学术视野，掌握最新的法学动态。

最后，高校还可以组织学生参加法学实践活动，如参与法律援助、法律咨询等社会服务项目，让学生亲身感受到法律实践中的挑战和机遇。通过实践活动，学生可以了解真实的法律问题，掌握解决问题的实际技能，为将来成为优秀的法学专业人才打下坚实基础。

高校法学专业的教师应该保持学术活跃度，积极参与法学研究，不断更新自己的教学内容和方法。教师可以与同行进行学术合作，开展跨学科的研究，提高教学质量和学术水平。

法学专业领域的不断更新是确保学生获取最新法学知识的重要保证。高校应该建立灵活的教学体系，鼓励学生进行学术研究，组织实践活动。同时保持教师的学术活跃度，为法学专业学生提供全方位、多层次的学习平台，以应对法学领域的不断发展和变化。只有通过持续学习和不断更新，高校法学专业的学生才能真正成为适应社会需求、具有实践能力和创新能力的法学人才。

（四）跨学科性

法学与其他学科有着紧密的联系，如经济学、社会学、政治学等。在解决一些复杂的法律问题时，往往需要结合其他学科的知识进行综合分析。例如，在处理涉及经济领域的法律问题时，需要了解经济学的基本理论，以及经济活动与法律规制之间的关系。因此，高校法学专业的课程设置应该注重跨学科教学，培养学生的综合素养和跨学科能力。学生需要学习其他相关学科的基本原理和知识，以更好地应对复杂的法律问题。

1.法学与经济学的跨学科性特点

经济学原理在法律实践中的应用。经济学是研究资源配置和决策行为的学科，而法律在社会中的运作往往涉及资源的合理配置和决策的制定。在处理经济领域的法律问题时，法学专业的学生需要了解经济学原理，如供求关系、成本效益分析、市场竞争等，以便更好地理解法律规制对经济活动的影响，并在实践中做出明智的决策。

法律对经济发展的影响。法律对经济发展具有重要的引导和规制作用。在经济体制改革、产权保护、市场竞争等方面，法律发挥着决定性的作用。因此，学生需要了解经济学中关于市场机制、资源配置等理论，从而更好地理解法律规制在经济发展中的地位和作用。

2.法学与社会学的跨学科性特点

社会学理论在法律研究中的应用。社会学是研究社会组织、社会行为和社会关系的学科。在法学研究中，特别是涉及社会问题、社会公平与正义等领域时，学生需要借助社会学的理论，深入分析社会现象和社会结构，从而更好地理解法律规则对社会的影响，并为法律制定和改革提供更科学的建议。

社会学视角下的法律问题解决。通过社会学的视角，法学专业的学生可以更全面地了解社会问题的复杂性和多样性。例如，在探讨社会不平等、种族歧视等法律问题时，学生需要从社会学角度分析其深层原因和影响，以做出合法、科学的评判。

3. 法学与政治学的跨学科性特点

政治学对法律政策的影响。政治学是研究政治体系、政治过程和政治行为的学科。法律政策的制定和执行过程往往会受到政治因素的影响。在法学专业的课程中，学生需要了解政治学的基本理论，以更好地理解法律政策背后的政治考虑和影响。

法律的政治性质。法律作为社会管理和权力运行的工具，具有显著的政治性质。在解决与政治有关的法律问题时，学生需要了解政治学中的政治体制、政党制度、决策过程等理论，以深入理解法律与政治的密切关系。

跨学科性的特点使得高校法学专业的课程设置更加综合和全面。高校应注重培养学生的跨学科能力，通过开设交叉学科课程和组织学科交叉研究，使学生能够综合运用不同学科的知识和方法解决复杂的法律问题。另外，学校还可以鼓励学生参与学科交流和合作，开展实际案例分析和跨学科研究项目，提高他们的综合素养和创新能力，为将来成为全面发展的法学人才奠定基础。

高校法学专业的课程设置应该充分考虑这些特点，通过注重理论教学与实践教学相结合，引导学生不断学习和更新知识，培养学生的综合素养和创新能力，以适应日益复杂多变的社会需求。

二、法学专业课程设置的目标和要求

（一）法学专业课程设置的目标

提供扎实的法律理论基础。法学专业课程的首要目标是为学生提供扎实的法律理论基础，包括法律学科的基本概念、法律体系、法律制度等核心知识。学生需要深入了解法律的起源、发展和本质，以及不同法律领域的基本规则。

培养批判性思维和法律逻辑。法学专业课程应培养学生的批判性思维和法律逻辑能力。学生需要学会分析法律问题，运用法学理论进行推理和判断，并能在复杂情况下提出切实可行的解决方案。

强调实践能力的培养。法学专业的课程应注重培养学生的实践能力。通过模拟法庭、案例分析、法律实习等实践教学活动，学生能够将所学的理论知识应用到解决实际法律问题过程中，锻炼自己解决实际问题的能力。

促进学生的综合素养。法学专业课程的目标包括培养学生的综合素养。除了法律知识，学生还应具备良好的语言表达能力、人际交往能力、社会调查和研究能力等。

（二）法学专业课程设置的要求

教学内容科学合理。法学专业课程设置应科学合理，符合法学学科的发展和社会需求。教学内容应包括基础课程、专业核心课程和选修课程，既确保学生掌握基本的法学理论，又满足学生个性化学习需求。

理论与实践相结合。课程设置应注重理论与实践的结合。在教学过程中，教师应引导学生将理论知识应用到解决实际问题过程中，通过案例分析、模拟法庭等实践活动，增强学生的实际操作能力。

跨学科融合。考虑到法学与其他学科的密切关系，法学专业的课程设置应该融合跨学科内容。例如，经济学、社会学等学科的知识对理解法律问题会起到重要作用，学生应学习这些相关学科的基本知识。

强调学生自主学习。课程应鼓励学生进行自主学习和独立思考。学生应积极参与学术研讨、科研项目和法律实践活动，培养自主学习和自我发展的能力。

课程更新与改进。法学专业的课程应及时更新和改进。随着社会的不断发展和法律环境的变化，法学知识也在不断演进，课程设置需要及时调整，以适应时代需求和法学领域的新变化。

通过设置科学合理的课程，高校法学专业能够培养全面发展、扎实理论基础、实践能力突出的优秀法学人才，为社会输送更多的专业人才。

第二节 法学专业课程设计的基本原则

一、适应社会发展需求

随着社会的不断发展，法律环境也在不断演变，法学专业的课程设计必须紧密贴合社会发展需求。这意味着课程设计应该具有前瞻性和针对性，紧密关注社会热点问题和法律体系改革动向，将最新的法律理论和实践经验纳入教学内容。法学专业的课程设计要培养学生具备应对社会挑战的能力，满足社会的实际需求。

（一）紧密关注法律改革

法律改革是推动社会进步和发展的重要力量，它涉及法律制度和法律体系的变化，并对法学人才的培养提出了新的要求。因此，法学专业的教师需要密切关注法律领域的发展，及时了解最新的法律体系改革动态，并将这些内容融入课程设计中。

（二）关注社会热点问题

社会热点问题背后往往包括环境保护、知识产权、人权保障、网络安全等各个领域的法律问题。

二、突出法学专业特色

法学作为一门独立的学科，有其特有的研究对象和方法，法学专业的课程设计应该突出其专业特色。这意味着课程设置应该着重培养学生对法律的专业理解和法律思维方式，注重法学基本理论的学习，培养学生对法律问题的敏锐洞察力。

（一）学习法律学科基础知识

法学作为一门复杂而庞大的学科，其理论体系非常丰富，涵盖了广泛的法律知识和法律规则。因此，为了培养优秀的法学人才，必须注重学生对法学基础理论的学习和掌握。

首先，学生应该学习法学的基本概念。包括解法律的定义、性质、功能以及法律与道德、政治等方面的关系。通过学习法学的基本概念，学生可以对法律学科的本质和研究对象有更全面的认识。

其次，学生需要了解法律的体系结构和法律制度。法律体系是由各种法律规则和制度组成的有机整体，学生需要了解不同法律领域的分类和联系，以及法律规则的层次结构。同时，学生应该熟悉国家法律体系和国际法律体系。

此外，学生还需要学习具体的法律制度和法律规则。学生需要掌握这些法律规则的内容和适用范围，理解其在社会生活中的意义和作用。

学习法律学科基础知识，学校应该通过合理的教学安排和教学方法，帮助学生全面了解法学学科的基本知识体系。教师可以采用讲授、案例分析、讨论等多种教学手段，激发学生的学习兴趣。同时，鼓励学生进行独立学习和深入探究，通过阅读经典著作和研究文献，拓展其对法学学科的认知范围。

通过学习法律学科基础知识，学校可以培养出扎实的法学学科基础和综合素质的优秀法学人才，为他们未来的学术研究和法律实践奠定坚实基础。同时，这也有助于推动法学学科的发展，为社会提供更优质的法律服务。

（二）培养法学思维

法学思维是指学生在学习和实践中运用法学理论进行分析和解决法律问题的能力，以及形成独立而系统的法律思考方式。通过培养学生的法学思维，在法律实践中更加灵活和高效地运用所学到的知识，可以提高他们对法律问题的理解和解决能力。

首先，培养法学思维需要学生具备扎实的法学理论知识。学生需要通过系统学习法学基本概念、法律体系、法律规则等内容，掌握法学的核心理论。只有掌握了扎实的法学基础理论，学生才能在实际问题中灵活应用，做出合理的法律判断。

其次，培养法学思维需要注重学生的实践能力。除了理论学习，学生还应该参与实践教学活动，如模拟法庭、案例分析等，将所学的法学理论应用于实际案例中。通过实践活动，学生可以锻炼自己的分析和解决问题的能力，培养敏锐的法律洞察力。

再次，培养法学思维需要注重学生的逻辑思维能力。法学是一门严谨而逻辑性强的学科，学生在学习和实践中需要形成条理清晰的思维方式。教师可以通过培养学生掌握逻辑辩证的方法和技巧，引导学生运用合理的推理和论证，形成独立而严密的法律思考方式。

最后，在课程设置中，学校可以开设法学案例分析、法律论证、法律文书写作等课程，着重培养学生的法学思维。教师可以引导学生进行案例分析和辩证论证，让学生通过对实际问题的解决，体验到法学思维的重要性和实用性。

通过培养法学思维，高校可以培养出具有独立思考能力和实践能力的法学人才。这些学生不仅在法律领域具有竞争力，在其他领域也能够运用法学思维分析和解决问题，从而更好地服务社会。

三、结合学生需求与兴趣

法学专业的学生有着不同的学习需求和兴趣，课程设计应该兼顾学生的个性化需求。这意味着课程设置应该具有一定的灵活性和选择性，让学生能够根据自己的兴趣和发展方向选择合适的课程。

（一）提供选修课程

在法学专业的课程设计中，设置一定数量的选修课程是非常必要的，这样可以为学生学习提供更广泛的选择，让他们根据自己的兴趣和职业规划自由选择适合自己的课程，从而提高其学习的积极性和主动性。以下是一些法学专业选修课程的示例。

国际法与国际关系。该课程涵盖国际法的基本原理和国际法律体系，以及国际关系的重要理论和实践问题。学生可以深入了解国际法和国际关系的交叉领域，增加对国际事务的理解和分析能力。

环境法与可持续发展。该课程关注环境法律制度和环境保护的实践问题，学生可以学习环境法的基本概念和原则，了解全球环境问题和可持续发展的策略。

科技与法律。该课程探讨科技与法律的交叉点，学生可以了解信息技术、人工智能等新兴科技给法律带来的影响和挑战，以及相应的法律规制。

刑事法与犯罪学。该课程关注刑事法律体系和犯罪学理论，学生可以深入了解刑事诉讼程序、犯罪心理学等内容，增加对刑事理论和司法实践的认识。

国际商法与跨国公司法务。该课程涵盖国际商法的相关法规和跨国公司法务实践，学生可以了解国际商业合同、知识产权保护等法律问题，为未来从事国际商务工作提供有力支持。

法律职业伦理与规范。该课程关注法律从业者的职业伦理和规范，培养学生正确的职业道德和行为准则，提高法律专业人员的职业素养。

法学研究方法与学术写作。该课程教授法学研究的方法和技巧，包括案例分析、文献综述、学术写作等，帮助学生提高学术研究和写作能力。

以上仅是一些示例，实际的选修课程应该根据学校的资源和师资情况、学生的需求和兴趣、社会的发展需求等综合因素进行灵活设计。通过设计多样化的选修课程，可以激发学生的学习热情，拓宽他们的知识视野，培养他们多方面的专业能力，为他们将来的职业发展做好充分准备。

（二）激发学生学习兴趣

课程设计应该注重激发学生对法学的学习兴趣，通过典型的案例、有趣的教学方式等，吸引学生主动学习。

创设典型的案例。通过引入真实的案例和法律问题，学生可以亲身感受法学理论在实践中的应用。典型的案例能够激发学生的学习兴趣，增加他们对学习法学的热情。

运用多样化的教学方式。在课堂教学中，教师可以灵活运用讲授、讨论、小组活动、角色扮演等多种教学方式。多样化的教学方式能够使课堂生动有趣，让学生积极参与其中。

引入互动和讨论。鼓励学生提问、交流和讨论，让他们在课堂上积极参与，展示自己的观点和想法。互动和讨论能够促进学生思考，增强他们对探讨法学问题的兴趣。

创设竞赛和游戏。组织法律知识竞赛、模拟法庭辩论等活动，可以增加学生学习的趣味性和挑战性，激发他们的学习兴趣。

鼓励研究和探索。鼓励学生进行独立研究和探索，培养他们主动学习的能力。提供学术研究的机会和资源，让学生深入了解自己感兴趣的法学领域。

关注实践与应用。将法学理论与实践紧密结合，让学生了解法律的实际应用场景。实践性的教学能够使学生认识到学习法学的重要性和实用性，激发他们对法学的学习兴趣。

通过以上课程设计可以使学习过程更加有趣，可以激发学生对法学的学习热情和兴趣。同时，教师的积极引导和激励会起到至关重要的作用，让学生在愉悦和充实的学习氛围中不断深入学习法学知识。

四、教学内容的系统性与连贯性

法学专业的课程设计应该具有系统性和连贯性，确保各门课程之间相互衔接，形成完整的知识体系。这意味着课程设计应避免重复和冗余内容，保持知识体系的合理结构，确保学生在学习过程中能够形成全面的法学知识体系。

（一）合理设置选修课程

法学专业的课程设计应该合理设置选修课程，让学生在学习高级课程之前掌握必要的基础知识，确保学习的连贯性和顺利进行。

合理性与目的。合理设置选修课程是法学专业课程设计中的重要环节，旨在确保学生在学习高级课程之前具备必要的基础知识和理论背景。通过选修课程的安排，学生能够逐步建立对法学学科的整体认知和理解，为后续学习奠定坚实基础。合理设置选修课程不仅有助于提高学习效率，还能促进学生学习的连贯性和顺利进行。

选修课程的设计。在设计选修课程时，需要根据法学专业的知识结构和学科特点，综合考虑学生的学习能力和接受程度，合理安排课程的内容和难度。一般情况下，选修课程应涵盖法学专业的基础概念、法律体系、法律哲学、法学方法等核心内容，以及法学研究的基本方法和理论。这些课程旨在为学生提供法学学科的基本框架和理论基础，为其进一步学习高级课程打下坚实基础。

选修课程的分层次设置。为了确保学习的连贯性，可以将选修课程设置为多个层次，并逐步引导学生深入学习。首先，可以设置入门级选修课程，为学生提供法学学科的整体认知和基本概念；其次，是中级选修课程，进一步学习法学的理论与方法；最后，是高级选修课程，深入研究特定法学领域的理论与实践。通过分层次设置选修课程，学生能够逐步拓展知识面，形成完整的学习路径。

选修课程的灵活性。法学专业的学生具有不同的学习背景和兴趣，因此在设置选修课程时应考虑学生的个体差异，提供一定的选择范围。可以设置多个选修课程选项，让学生根据自己的学习需求和职业规划选择适合自己的课程。这样可以增强学生的学习积极性和主动性，激发他们学习法学学科的兴趣。

通过合理设置选修课程，不仅能够确保学生掌握必要的基础知识，还能为他们后续学习高级课程提供更有利的学习条件。同时，选修课程的连贯性和灵活性会有助于提高学生效率和学习满意度，为培养高质量的法学人才奠定坚实基础。

（二）教学内容的衔接

课程设计应该确保教学内容之间的衔接，将不同课程的知识内容相互联系起来，形成完整的法学知识体系。

1.衔接的重要性

教学内容的衔接在法学专业课程设计中具有重要意义。当不同课程之间缺乏有效的衔接时，学生就容易陷入"知识孤岛"，无法将所学的知识融会贯通，从而影响其对法学学科整体的认知。因此，确保教学内容之间的衔接对培养学生形成系统性的法学知识体系和全面的学科理解至关重要。

2.课程设计的衔接方式

为了实现教学内容的衔接，课程设计应该注重以下几个方面的考虑：

知识结构的合理布局。在课程设计中，学校应将各门课程的知识内容进行合理布局，确保知识之间有机联系，形成系统的法学知识结构。例如，在法学基础课程中，可以首先介绍法学的基本概念和体系，然后逐步展开对不同法律领域的学习，从而形成一个层次清晰、相互衔接的课程体系。

课程内容的串联和延伸。不同课程之间的内容应该有一定的串联和延伸，确保学生在学习一门课程的同时，能够逐步了解相关课程的内容。例如，在学习民法基础课程后，可以延伸到民事诉讼法和商法等相关课程，从而形成对民商法系列课程的全面理解。

跨学科知识的整合。法学作为一门综合性学科，与其他学科有着紧密的联系。课程设计应该注重将法学与经济学、社会学、政治学等其他学科的知识进行整合，以提高学生对复杂法律问题的综合分析能力。

3.教学方法的运用

在实现教学内容的衔接过程中，教学方法的运用会起到关键作用。教师可以通过案例分析、讨论课、综合实践等教学方法，帮助学生将不同课程的知识进行联系，形成全局性的认识。此外，教师还可以组织学科交叉的学习活动，让学生在实际问题中运用所学的法学知识，增强衔接效果。

通过以上的衔接方式和教学方法的运用，课程设计可以确保教学内容之间的紧密衔接，促进学生对法学知识的整体认知和全面理解。同时，教学内容的衔接为学生后续的深入学习和研究提供有力支持。

五、注重实践与应用能力培养

法学专业的课程设计应该注重培养学生的实践能力和应用能力，让学生能够将所学的理论知识应用于解决实际问题过程中。这意味着课程设计应该注重教学实践和案例分析，让学生通过参与模拟法庭、实地调研、案例研究等实践教学活动，将理论知识运用到实际情境中，培养解决法律问题的能力。

（一）模拟法庭

在模拟法庭中，学生可以扮演法官、原告、被告、辩护律师等不同角色，围绕特定案例或法律问题进行模拟辩论和辩护，以锻炼学生辩论、口头表达和法律实践的能力。

1.模拟法庭的教学目的与意义

培养学生的实践能力。通过模拟法庭，学生能够在模拟的法庭环境中真实体验法律实践的过程，提高其解决实际法律问题的能力。

提升学生的辩论与表达能力。在模拟法庭中，学生需要充分展示自己的观点并进行有效的辩论，从而提高自己的辩论和表达能力。

培养团队合作意识。模拟法庭通常需要学生组成辩论团队，学生之间需要协作配合，共同为案件辩护，培养其团队合作意识和协作能力。

加深对法律理论的理解。通过模拟法庭的实践活动，学生能够更加深入地理解和应用所学的法律理论知识。

2.模拟法庭的实施方式

案例选取。选择具有一定争议性和复杂性的案例作为模拟法庭的对象，确保学生在辩论过程中能够充分发挥自己的能力。

角色分配。将学生分为不同角色，包括法官、原告、被告、辩护律师等，每个角色都需要充分准备并表现出色。

辩论过程。模拟法庭的辩论过程应该严谨规范，模拟真实法庭的审判程序包括开庭、陈述事实、辩论观点、质询证人等环节。

评估与反馈。教师可以作为观察者参与模拟法庭活动，对学生的表现进行评估和反馈，帮助学生改进和提高。

3.模拟法庭的实例

例如，一所法学院的学生在模拟法庭中模拟了一起复杂的民事纠纷案件。在这个案件中，学生分为原告和被告、辩护律师和证人的角色。学生们通过深入研究案件材料，准备了充分的辩护和陈述内容。在模拟法庭上，他们通过精彩的辩论和充分的争论，展现出了对法律问题的深刻理解和辩论能力。模拟法庭不仅加深了学生对法律实践的理解，还提高了他们的辩论和表达能力。同时，学生在辩论过程中学会了尊重对方观点，团结合作，体现了团队合作的精神。

总体而言，模拟法庭作为一种具有启发性和互动性的教学方法，能够有效地提高学生的法律实践能力，培养学生在法律领域中的自信心和专业素养。通过模拟法庭的实践活动，学生可以更好地理解法律理论知识的应用和实际操作过程，为其更好地适应未来从事法律工作打下了基础。

（二）实地调研

实地调研是培养学生实践能力的有效方式，学生可以深入法律实践场所，与法律专业人士交流，了解实际问题，主动提出解决方案。

1. 实地调研的组织与准备

在进行实地调研之前，学校要精心组织和周密准备。首先，确定调研的目标和内容，明确调研的重点和方向。其次，选择合适的调研场所和对象，确保调研的真实性和有效性。再次，制订调研计划，明确调研的时间安排和任务分工。同时，学校要为学生提供必要的前期知识培训，让他们了解调研的背景和目的，熟悉调研的方法和技巧。最后，做好调研所需的准备工作，包括联系相关单位和人员，获取必要的资料和信息等。

2. 实地调研的实施与实践

在实地调研过程中，学生需要积极参与，认真观察和记录所见所闻。通过与当地法院、检察院、律师事务所等法律专业机构联系，了解法律实践的具体情况，与法律专业人士交流，探讨实际问题。另外，学生还可以走进社区、企业等场所，了解法律在实际生活中的应用和影响。在调研过程中，学生要认真收集资料，与相关人员进行面对面的交流，以获得全面的信息和数据。

3. 实地调研的总结与反思

在实地调研结束后，学生需要对所得到的信息和数据进行总结和反思。通过组织小组讨论，分享调研的心得和收获，相互之间进行经验交流。同时，学生需要撰写调研报告，将调研结果进行整理和分析，提出解决问题的方案和建议。通过实地调研的总结和反思，学生可以进一步加深对法律实践的理解，提高其实践能力和解决问题的能力。

实地调研的实例可以包括参观当地法院庭审现场，了解司法实践；走访律师事务所，深入了解律师执业情况；参与社区调解，体验基层法律服务等。这些实地调研的活动，不仅能让学生了解法律实践的现状和问题，还能培养他们在实际场景中运用法学知识解决问题的能力。通过实地调研，学生可以更加深入地了解法律实践的细节和复杂性，提高他们的实践能力和专业素养。

六、不断更新与改进

随着社会的发展，法学领域的知识也在不断更新，高校法学专业的课程设计必须与时俱进。这意味着设计课程应定期进行评估和改进，关注学生对课程的反馈和需求，及时调整和优化课程内容，确保教学质量和实效。

（一）定期评估与反馈

高校法学专业的课程设计应该建立定期评估和反馈机制，以确保课程的持续改进和优化。评估和反馈可以从以下几个方面展开：

学生评价。每学期末，学校可以通过问卷调查或面谈形式，收集学生对课程的评价和意见。了解学生对课程内容、教学方法、教材使用等方面的看法，发现问题和不足。

教师评估。学校可以对教师进行教学评估，评估教师的教学质量和教学效果。教师评估可以包括同行评教和学生评教，从多角度评估教师的教学表现。

教学成绩分析。对学生的考试成绩和学习表现进行定期分析，发现学生在哪些知识点的学习方面存在较大困难，为进一步优化教学内容提供依据。

毕业生跟踪调查。与毕业生保持联系，了解他们在工作岗位上的表现和所学知识的实际应用情况，从毕业生的角度评估课程的实际效果。

根据收集到的评估和反馈结果，学校可以及时进行教学课程改进和优化，修订课程内容、更新教材、调整教学方法等，以适应学生需求和社会发展的变化。

（二）不断创新

为了适应法学专业的快速发展和学生的多样化需求，课程设计应鼓励教师进行教学创新。创新可以体现在以下方面：

教学方法创新。教师可以尝试运用新的教学方法和教学技术，如信息技术手段、在线教学平台等，增加教学的灵活性和互动性，激发学生学习兴趣。

实践教学创新。增加实践教学环节，如模拟法庭、实地调研、法律实习等，让学生在实际场景中学习和应用法学知识，增强实践能力。

跨学科教学创新。与其他学科合作，开设跨学科课程，拓展学生的知识领域，培养学生综合运用不同学科知识解决问题的能力。

课程内容更新。及时更新课程内容，将最新的法律理论和实践经验纳入教学，让学生了解最前沿的法学发展动态。

通过不断的教学创新，可以提高课程的吸引力和实效性，增强学生对学习法学专业的兴趣和参与度，促进学生全面发展和成长。

高校法学专业的课程设计应充分考虑社会发展需求，突出法学专业特色，结合学生需求与兴趣，注重教学内容的系统性与连贯性，强调实践与应用能力培养，不断更新与改进课程设置。通过合理设计和精心实施，高校将更好地培养出具有扎实法律理论基础和实践能力的优秀法学人才，为社会发展和法治建设做出积极贡献。

第三节 法学专业课程设计的实践案例分析

案例一：某高校法学专业课程设计与改革实践

（一）背景介绍

某高校法学专业作为法学教育的重要组成部分，长期以来一直致力于培养优秀的法学人才，以适应社会发展和法律领域的不断变化。然而，随着社会的快速发展和全球化进程的加速，法学领域面临着更为复杂和多样化的挑战。新兴技术、全球经济一体化、社会治理模式的变革等因素都对法律体系和法律实践提出了新的要求。

在这样的背景下，某高校意识到传统的法学专业课程设计和教学模式已经不能完全满足社会对法学人才的需求。为了更好地培养适应社会发展的法学人才，该高校决定开展法学专业课程设计与改革实践。该实践旨在重新审视和优化现有的课程设置，引入新的教学方法，强调实践教学的重要性，并鼓励教师进行教学创新。

在法学专业课程设计与改革实践的过程中，该高校建立了一个由教授、副教授和行业专家组成的专家团队。这个团队对国内外其他优秀法学专业的课程设置和教学经验进行了深入研究和借鉴。团队认识到，为了培养全面发展的法学人才，课程设计必须紧密贴合社会需求，突出法学专业特色，注重学生个性化需求，强调实践教学，保持不断更新与改进。

该团队在实践中注重学生的参与和反馈，通过问卷调查、座谈会等方式，积极收集学生对课程设计和教学内容的意见和建议。团队认识到，学生的需求和兴趣是课程设计的重要指导，因此增加了一些选修课程，涵盖了不同法律领域和研究方向，以满足学生多样化的学习需求。

（二）实施步骤

1.需求调研

作为法学专业课程设计与改革实践的起点，该高校首先进行了广泛的需求调研。调研包括与社会各界的专业人士、法律实践者、法学学者进行深入交流，收集他们对法学人才培养的期望和需求。同时，通过查阅行业报告、研究法学教育的发展趋势和法学领域的最新变化，获取更全面的信息和数据。这一步的目的是了解当前法学领域的需求，为后续的课程设计和改革提供科学依据。

2.课程内容优化

在需求调研的基础上，该高校对法学专业的课程进行了优化。首先，对传统的法学课程进行了梳理和评估，剔除过时的内容，增添与时代发展密切相关的新领域知识。例如，针对数字化时代的来临，增设了互联网法律、数据隐私保护等课程。其次，对涉及基础理论的课程，加强了教学深度和广度，确保学生掌握法学学科的核心基础。通过优化课程内容，学生能够全面了解法学知识体系，同时掌握前沿领域的新知识。

3.实践教学强化

为了增强学生的实践能力，该高校重视实践教学的环节。该高级设立了模拟法庭，为学生提供仿真法庭环境，让他们在模拟法庭中扮演不同角色、进行案例辩论和裁判演练。这样的实践环节可以帮助学生培养辩论和口头表达能力，加深对法律实践的理解。同时，该高校与律师事务所、法院等机构合作，让学生亲身参与实际法律工作，将理论知识与实际工作相结合，提高学生的实际操作能力。

4. 教学手段创新

为激发学生的学习兴趣和主动性，该校教师在课程教学中采用了多样化的教学手段。他们引入了多媒体教学，利用投影仪、电子白板等现代化设备，展示案例、图表和视频，使课堂更加生动有趣。此外，教师还尝试在课堂上引入在线互动平台，让学生参与课堂问答和讨论，增加课堂互动，激发学生的学习热情。通过教学手段的创新，学生更加积极主动地参与课程学习，同时教学效果得到进一步提升。

以上实施步骤是该高校法学专业课程设计与改革实践的核心内容。通过需求调研，优化课程内容，强化实践教学，创新教学手段，该高校努力提高教学质量，培养出更符合社会发展需求的优秀法学人才。这一实践对法学专业教育的改进和创新具有积极的借鉴意义。

（三）效果评估

经过一段时间的实施和改革，该高校法学专业的课程设计取得了显著效果。该高级法学专业学生的学习兴趣和积极性明显提高，实践能力得到了增强。学生在模拟法庭和实地调研等实践活动中表现优异，获得了更广泛的认可。另外，该校毕业生就业率和就业质量也有了明显的提升，许多学生在实习单位得到了长期工作机会。以下是具体的评估结果：

1. 学生学习兴趣和积极性显著提高

经过课程设计与改革实践后，学生对法学专业的学习兴趣明显增强。多媒体教学和在线互动平台的引入使课堂更加生动有趣，学生更加主动积极地参与课堂讨论和互动。模拟法庭和实地调研等实践活动让学生亲身参与法律实践，增强了学习的实践性，进一步激发了学生的学习热情。

2. 学生实践能力得到增强

通过模拟法庭和实地调研等实践活动的加强，学生的实践能力得到了显著提升。在模拟法庭中，学生扮演不同角色，进行案例辩论和裁判演练，锻炼了学生的辩论和口头表达能力，培养了他们在法律争议解决中的能力。实地调研让学生深入法律实践场所，与法律专业人士交流，了解实际问题，并提出解决方案，增强了学生的实践能力和问题解决能力。

3. 学生实践成果受到认可

学生在模拟法庭和实地调研等实践活动中表现优异，取得了显著的实践成果。他们在模拟法庭中的出色表现得到了其他同学和教师的赞赏，有的学生甚至在模拟法庭比赛中获得了奖项。同时，在实地调研中，学生的研究成果得到了实践单位的认可和肯定，有的学生在实习单位得到了长期工作机会。

综合评估来看，该高校法学专业课程设计与改革实践取得了显著的效果。学生的学习兴趣和积极性明显提高，实践能力得到了增强，学生的实践成果受到了认可。这些结果充分表明，该高校的课程设计与改革实践取得了实质性的成效，为培养更符合社会需求的优秀法学人才奠定了坚实基础。同时，该高校的经验和做法为其他高校的法学专业教育改革提供了有益的借鉴。

（四）经验总结

该高校的实践案例表明，课程设计与改革应该立足社会需求，充分考虑学生的实践需求，不断创新教学手段，提高教学质量。同时，合理设置选修课程和加强课程内容之间的衔接，确保学生学习的连贯性。通过定期评估和反馈，及时发现问题并进行改进，以持续提升法学专业课程教学效果。

1. 紧密关注社会需求

法学专业的课程设计应该紧密关注社会对法学人才的需求，包括法律体系改革的最新动态、社会热点问题等。课程内容应及时更新，确保与时俱进。

2. 强调实践能力培养

课程设计应该注重培养学生的实践能力。通过模拟法庭、实地调研等实践活动，让学生亲身参与法律实践，提高他们在解决实际问题时的能力。

3. 注重学科基础

法学专业的课程设计应该注重培养学生的学科基础。设置选修课程，确保学生在学习高级课程之前掌握必要的基础知识。

4. 引入创新教学手段

为激发学生的学习兴趣，教师可以尝试引入多媒体教学和在线互动平台等创新教学手段，增加课堂互动，提高教学效果。

5. 定期评估与改进

建立完善的评估和反馈机制，定期收集学生对课程的反馈意见，评估课程的教学效果，发现问题并及时改进。

6. 确保课程衔接

课程设计应该确保教学内容之间的衔接，将不同课程的知识相互联系起来，形成完整的法学知识体系，提高学生学习的连贯性。

综合而言，合理的课程设计与改革可以提高法学专业教育质量，培养符合社会需求的优秀法学人才。同时，不断更新与改进是保持课程的活力和竞争力的关键。高校应该积极适应社会发展和法律环境的变化，为学生提供更优质的教育，以适应不断变化的社会需求。

案例二：国外高校法学专业课程设计经验借鉴

随着全球化和经济社会的发展，法学专业的重要性日益凸显。国外高校作为法学教育的领先者，在课程设计方面积累了丰富的经验，值得我国高校法学教育借鉴和学习。

（一）哈佛大学法学院经验借鉴

哈佛大学法学院（以下简称哈佛法学院）在培养学生的批判性思维和学术独立性方面具有独特的经验。该院开设丰富多样的选修课程，允许学生根据兴趣和职业规划自由选择。这种灵活性激发了学生学习法学的热情，增强了学习的积极性。同时，哈佛法学院注重实践教学，为学生提供大量实习和研究机会，使学生在实际法律工作中学以致用。这种紧密结合理论与实践的教学方式有助于培养学生的实践能力和创新精神。

1.选修课程的多样性与学生主动性

哈佛法学院开设了丰富多样的选修课程，涵盖了法学的各个领域。学生可以根据个人兴趣和职业规划自由选择课程，这种灵活性激发了学生学习法学的热情，增强了学习的积极性。

（1）开设选修课程的重要性

哈佛法学院之所以注重选修课程的开设，是因为法学是一门多学科交叉的学科，涉及领域广泛。通过开设选修课程，学生可以更深入地了解自己感兴趣的法律领域，培养学科特长和专业技能。同时，选修课程的多样性为学生提供了更多的学习选择，不仅满足了学生个性化的学习需求，也为其未来的职业发展打下坚实的基础。

（2）激发学生学习热情的积极影响

哈佛法学院提供的多样化选修课程激发了学生学习法学的热情。学生在课程选择上有更多的主动性，更容易找到与自己兴趣相关的课程，从而更加投入去学习。这种学生主动性的培养有助于提高学习效率和学习动力，使学生更积极地投入学习中，并主动参与讨论和研究活动。

2.实践教学的重要性与丰富机会

哈佛法学院在实践教学方面也非常重视，为学生提供了大量实习和研究机会。学生可以在律师事务所、法院、政府机构等实践场所进行实习，亲身体验法律实践工作，增强实践能力和法律运用能力。此外，学生还可以参与各种研究项目，与教授合作进行学术研究，培养学术独立性和研究创新精神。

（1）实践教学对学生的积极影响

实践教学为学生提供了与理论学习相结合的机会，帮助学生将所学的理论知识应用到实际情况中。通过实践教学，学生可以更深入地了解法律实践工作的复杂性和挑战性，培养实际解决问题的能力。同时，学生还可以通过实践教学与实践导师建立良好的师生关系，从导师的指导和帮助中获得更多的学习收获。

（2）实践教学的丰富机会

哈佛法学院为学生提供了丰富多样的实践机会。学生可以选择不同类型的实习，包括暑期实习、校外实习、社区服务等。这些实践机会涵盖了不同法律领域和行业，学生可以根据自己的兴趣和职业规划选择适合自己的实践项目。

（3）实践教学对学生职业发展的影响

实践教学在学生职业发展中起到了至关重要的作用。通过实践经验，学生可以更好地了解不同法律职业领域的工作内容和要求，从而更明确自己的职业目标。实践教学为学生建立了宝贵的职业网络，为他们未来的就业和职业发展提供了有力的支持。许多学生在实习期间就有机会与潜在雇主建立联系，甚至得到了实习机构的聘用。

3.培养学生批判性思维与学术独立性的实施方式

哈佛法学院除了提供多样化的选修课程和实践教学机会，还采取了其他措施来帮助学生培养批判性思维和学术独立性的能力。

（1）辩论和讨论环节的引入

在课程设计中，哈佛法学院注重引入辩论和讨论环节。学生在课堂上有机会就具体法律问题进行辩论，分享自己的观点，并倾听他人的不同见解。这种辩论和讨论环节有助于培养学生的批判性思维，让他们学会从不同角度思考问题，分析问题的多面性，提高论证能力。

（2）研究性学习和学术研究项目

哈佛法学院鼓励学生参与学术研究项目，与教授一起深入研究法学领域的前沿问题。在这些研究项目中，学生需要自主进行文献调研、数据收集和分析，提出自己的研究观点和结论。这种研究性学习培养了学生的学术独立性，让他们在研究过程中自主思考、独立探索。

（3）鼓励学生参与学术会议和发表论文

哈佛法学院鼓励学生参与学术会议，并鼓励他们将研究成果通过发表论文的方式进行分享。这种学术会议和发表论文让学生与其他学者交流、互动，从中汲取学术灵感和创新思想。同时，通过将研究成果发表出来，学生不仅增加了学术影响力，也提高了学术独立性。

哈佛大学法学院在培养学生批判性思维和学术独立性方面具有丰富的经验，其开设丰富多样的选修课程和注重实践教学为学生提供了宝贵的学习机会。此外，通过引入辩论和讨论环节以及鼓励学生参与学术研究和发表论文，该院还有效培养了学生的批判性思维和学术独立性。这些经验值得我国高级法学专业课程设计借鉴，并将其融入我国法学教育中，进一步提升法学人才培养质量，培养具有国际视野和创新能力的优秀法学人才。

（二）英国牛津大学法学院经验借鉴

英国牛津大学法学院（以下简称牛津法学院）以其深厚的学术传统和良好的教学质量著称。牛津法学院的课程设计强调法学的理论性和学科基础。通过设置丰富的法学基础课程，培养学生的法学思维和逻辑能力。此外，牛津法学院还高度重视学生的辩论能力和口头表达能力，在课程中加入了辩论和讨论环节，激发学生的学术热情。这种注重学生综合素质培养的课程设计为学生全面发展提供了有力支持。

1.强调法学理论性与学科基础

英国牛津法学院在课程设计上强调法学的理论性和学科基础。该学院开设了广泛的法学基础课程，涵盖了刑法、民法、商法、国际法等不同领域。这些基础课程为学生提供了系统的法学知识，帮助他们建立扎实的学科基础。通过学习这些基础课程，学生可以了解不同法律领域的基本原理和法律体系，培养对法律问题的深刻理解和思考能力。

（1）法学思维与逻辑能力培养

在基础课程中，牛津法学院注重培养学生的法学思维和逻辑能力。学生需要学习法律原理和规则，并将其应用于实际案例分析。通过对案例的研究和讨论，学生可以学会运用法律知识解决实际问题，培养批判性思维和分析问题的能力。此外，课程中的辩论和讨论环节也会激发学生的学术热情，让他们在辩论中锻炼口头表达能力和论证能力。

（2）学科交叉融合

牛津法学院还强调学科交叉融合的课程设置。该学院开设了跨学科的课程，如法律与经济学、法律与社会学、法律与政治学等。这些课程将法学与其他学科结合起来，让学生了解不同学科的知识，培养综合分析和解决问题的能力。通过学科交叉融合，学生可以深入理解法律与其他学科的关系，增强对法律问题的全局性认识。

2.强调实践教学与职业准备

除了注重理论性和学科基础，牛津法学院还高度重视实践教学和职业准备。该学院为学生提供了广泛的实习机会，让学生在律师事务所、法院、公司等实践场所进行实习。通过实习，学生可以亲身体验法律实践工作，了解不同法律职业领域的工作内容和要求。实习经验不仅丰富了学生的履历，还为他们未来的就业与职业发展提供了宝贵的经验和资源。

牛津法学院还为学生提供职业指导和就业支持服务。该学院组织职业规划和就业辅导活动，帮助学生制定职业目标，优化简历和求职信，并提供面试技巧和求职技巧。通过这些支持服务，学生可以更好地制订职业发展计划，增加就业竞争力。

3.国际交流与学术合作

牛津法学院积极推进国际交流与学术合作。他们与世界各地的法学院建立合作关系，为学生提供国际交流和研究的机会。学生可以参与交换项目，前往其他国家的法学院学习和研究。这种国际交流和学术合作为学生拓宽国际视野与学术背景提供了平台，增加了他们在国际法学领域的影响力。

英国牛津大学法学院在课程设计上强调法学的理论性和学科基础，培养学生批判性思维和逻辑能力。该学校注重学科交叉融合，培养学生的综合分析和解决问题的能力。同时，实践教学和职业准备是该院的特色之一，为学生提供实习机会和职业支持。另外，国际交流与学术合作也为学生拓宽国际视野和学术背景提供了机会。这些经验值得我国高级法学专业课程设计借鉴，以进一步提高法学人才培养质量，培养具有全球竞争力的优秀法学人才。

（三）日本东京大学法学部经验借鉴

东京大学法学部在课程设计中注重结合日本本土的法律实践和国际法学理论。该学部开设了丰富的选修课程，涵盖了刑法、民法、商法、国际法等不同法律领域的研究。学生可以根据自己的兴趣和职业规划，选择适合自己发展方向的课程，提高学习的针对性和自主性。东京大学法学部还重视实践教学，为学生提供广泛的实习机会，让学生在律师事务所、法院、公司等实践场所进行实习，亲身体验法律实践工作，增强实践能力和法律运用能力。同时，该法学部积极与国际交流合作，为学生提供国际交流和研究的机会，拓展学生的国际视野和学术背景。

1.结合本土法律实践与国际法学理论

东京大学法学部在课程设计中着重结合了日本本土的法律实践与国际法学理论。他该学部开设了丰富的选修课程，涵盖了刑法、民法、商法、国际法等不同法律领域的研究。这样的课程设置使得学生可以在学习本土法律的同时，了解国际法学的最新发展和趋势。通过结合本土与国际的学习内容，学生能够更全面地理解法律问题，增强对法律现象多维度的把握。

东京大学法学部为学生提供了选择适合自己发展方向的选修课程的机会。学生可以根据自己的兴趣和职业规划，选择感兴趣的法律领域进行深入学习。这种自主选择的方式有助于提高学习的针对性和自主性，使学生更加专注和投入自己感兴趣的领域中。

2.重视实践教学与法律运用能力

东京大学法学部高度重视实践教学，为学生提供广泛的实习机会。学生可以在律师事务所、法院、公司等实践场所进行实习，亲身体验法律实践工作。通过实习，学生能够将理论知识应用到实际工作中，增强实践能力和法律运用能力。实践教学使学生在毕业前就能接触真实案例，提前适应法律实践的环境和要求。

东京大学法学部积极开展国际交流与学术合作。他们与世界各地的法学院建立合作关系，为学生提供国际交流和研究的机会。学生可以参与交换项目，前往其他国家的法学院学习和研究。通过与国际同行的学术交流，学生可以拓宽国际视野，了解不同国家的法律体系和法律文化，增加国际化背景。

3.学术研究与实践创新

东京大学法学部鼓励学生积极参与学术研究和实践创新。学生可以参与法学研究项目，撰写学术论文，积累学术经验。此外，该学部还支持学生参与模拟法庭、法律竞赛等实践活动，培养学生的法律技能和实践能力。学术研究与实践创新的机会使学生在学习过程中不断成长和进步。

东京大学法学部在课程设计中充分结合了本土法律实践与国际法学理论，通过丰富的选修课程和自主选择，培养学生扎实的学科知识和自主学习能力。重视实践教学和国际交流，使学生在实习和国际学术交流中拓宽视野和锻炼能力。同时，学术研究与实践创新的机会促使学生在学习过程中不断探索与创新。这些经验对我国高级法学专业课程设计的改进与完善具有积极的借鉴意义，有助于培养更全面、有实践能力和国际视野的法学人才。

（四）法国巴黎大学法学院经验借鉴

巴黎大学法学院注重法学专业的学科特点，突出法学与其他学科的融合。该学院开设了许多跨学科的课程，如法律与经济学、法律与社会学、法律与政治学等，让学生能够了解不同学科的知识，培养综合分析和解决问题的能力。另外，巴黎大学法学院还注重实践教学，为学生提供法律实习和研究项目，让学生能力在实际法律工作中不断提高。这种强调学科融合和实践教学的课程设计有助于培养学生全面发展和应对复杂法律问题的能力。

1.法学与其他学科的融合

巴黎大学法学院在课程设计上注重法学与其他学科的融合，开设了许多跨学科的课程。这些课程涵盖了法律与经济学、法律与社会学、法律与政治学等领域，旨在让学生了解不同学科的知识，培养综合分析和解决问题的能力。

（1）法律与经济学

在这门课程中，学生将学习法律与经济学的交叉领域，了解经济活动中的法律规制和经济学原理。通过学习经济学的理论和法律的实践，学生能够更好地理解法律在经济运作中的作用，为日后处理商业合同、垄断行为等问题提供有力的法律支持。

（2）法律与社会学

该课程致力于让学生深入了解法律与社会之间的相互关系。学生将研究法律对社会的影响。通过学习社会学的研究方法，学生能够更好地理解法律在不同社会背景下的适用效果。

（3）法律与政治学

这门课程关注法律与政治体系的互动。学生将学习政治学理论和法律在政策中的应用。通过了解法律与政治的相互作用，学生能够更好地理解法律对政府治理和政治体系的影响。

2.实践教学与法律运用能力

巴黎大学法学院注重实践教学，为学生提供丰富的法律实习和研究项目。学生有机会在实际法律工作中进行实习，参与真实案件的研究和解决过程。这种实践教学有助于学生将理论知识应用到实际情境中，提高法律运用能力。

（1）法律实习

学生在律师事务所、法院、公司等实践场所进行法律实习。通过实习，学生能够亲身体验法律实践工作，了解不同领域的法律实务，提高解决实际法律问题的能力。

（2）研究项目

巴黎大学法学院为学生提供研究项目的机会，让学生参与学术研究，撰写学术论文。通过参与研究项目，学生能够深入探讨法律问题，培养批判性思维和学术独立性。

3.全面发展与应对复杂法律问题的能力

巴黎大学法学院的课程设计旨在培养学生全面发展和应对复杂法律问题的能力。通过跨学科的学习，学生能够拓展知识面，了解法律在不同学科领域的应用。同时，实践教学使学生在真实场景中锻炼技能，增强解决问题的实际能力。

（1）综合分析能力

跨学科课程可以培养学生综合分析和解决问题的能力。学生能够从不同学科角度审视法律问题，形成全面的观点和解决方案。

（2）应对复杂法律问题的能力

实践教学使学生能够应对复杂的法律问题。通过参与实际案件和研究项目，可以培养学生处理复杂问题的能力，增强其解决实际法律问题的信心。

巴黎大学法学院的课程设计强调法学与其他学科的融合，通过跨学科的学习培养学生综合分析和解决问题的能力。实践教学使学生能力在实际工作中不断提高，全面发展并应对复杂法律问题。这种课程设计经验为我国高校法学专业的发展提供了宝贵的借鉴和启示。

（五）案例启示

通过对哈佛大学法学院、英国牛津大学法学院、日本东京大学法学部、法国巴黎大学法学院的课程设计经验进行深入分析，我们可以得出一些有益的启示和建议：

第一，应注重学生的兴趣和需求，设置丰富的选修课程，激发学生学习的积极性。学生的兴趣是其学习最好的老师，因此应充分尊重学生的选择权，为其提供多样化的选修课程，让学生能够根据个人兴趣和职业规划进行自主选择，从而提高其学习的主动性和积极性。

第二，要强调实践教学，为学生提供实习和研究机会，锻炼学生的实践能力和创新精神。理论知识的学习是培养法学专业学生的基础，只有实践能力的培养才是其成为合格法律从业者的重要保障。因此，应为学生提供丰富多样的实习机会，让学生亲身参与法律实践工作，从中学以致用，培养学生解决实际法律问题的能力。

第三，应注重培养学生的批判性思维和学术独立性，培养学生的法学思维和逻辑能力。法学是一门需要深入思考和分析的学科，培养学生批判性思维和学术独立性是其发展的关键。因此，课程设计应强调培养学生的思辨精神和理论思维，使其具备独立解决法律问题的能力。

第四，要加强国际交流与合作，拓展学生的国际视野和学术背景，提高法学专业的国际化水平。随着全球化的深入，国际视野和国际交流对法学专业学生的重要性日益增加。因此，应积极推动国际交流与合作，为学生提供境外交流和研讨的机会，使学生了解国际法学的发展动态，提高其在国际舞台上的竞争力。

国外高校法学专业课程设计经验为我国高校法学教育提供了宝贵的借鉴和启示。在今后的课程设计中，我们应注重学生的兴趣和需求，强调实践教学，培养学生的批判性思维和学术独立性，加强国际交流与合作，以推动我国法学人才培养质量的不断提升。

第三章　高校法学专业课程教学方法

第一节　教学方法的选择与运用

一、讲授法

（一）讲授法的特点与适用范围

1.讲授法的特点

讲授法是一种教学方法，教师通过口头讲述的方式向学生传授知识点和理论。在这种教学方法中，教师起着主导作用，将自己掌握的知识和信息传递给学生，而学生则是被动接收者。讲授法强调教师的教育经验和专业知识，教师通过教学过程中的言语表达和示范来引导学生学习。

一对多教学。讲授法通常是教师面对一群学生进行教学，属于一对多的教学模式。

信息传递。教师通过讲述、演示等方式将知识和信息传递给学生，学生主要通过倾听和学习来获取知识。

理论性较强。讲授法适用于理论性较强的学科，如法学理论课程。它可以为学生提供全面、系统的知识框架，帮助学生建立对法学基础理论的认知。

教师主导。在讲授法中，教师是教学过程的主导者，掌控着教学内容、进度和方法。

2.讲授法的适用范围

在法学专业教学中，讲授法是一个重要且常用的教学方法。法学专业涵盖了丰富的法律理论和法律实务知识，尤其在法学理论课程中，讲授法是最常见的教学方式。

法学理论课程。法学理论课程如宪法学、刑法学、民法学等，通常采用讲授法进行教学。通过讲授法，教师可以向学生传递法律的基本概念、原理和体系，帮助学生建立起对法学的整体认知。

法律实务领域。在一些重要的法律实务领域，如立法过程、司法实践等，讲授法能够向学生传授相应的法律知识和流程。例如，在模拟法庭比赛中，教师可以通过讲授法为学生解释法庭辩论的基本规则和程序。

（二）讲授法的运用

1. 教学工具与手段的运用

（1）PPT演示

PPT演示是高校法学专业教学中常用的教学辅助工具。教师可以通过PPT展示法律概念、图表、案例等内容，使学生更加直观地理解和记忆。PPT演示可以帮助教师组织课程内容，将知识点分门别类地展示，同时增加视觉效果，提高学生的学习兴趣。

例如：在宪法学课程中，教师可以通过PPT演示宪法的基本原则和体系结构以及宪法案例的解析。这样，学生可以更加清晰地理解宪法的重要内容和意义。

（2）教材、参考书和学术论文

教材、参考书和学术论文是支持讲授法的重要资源。教师可以根据教学内容选择合适的教材，为学生提供系统、全面的法学知识。参考书和学术论文可以为学生深入学习提供更多资料和思路，帮助学生拓展知识广度和深度。

例如：在刑法学课程中，教师可以推荐相关的刑法教材和学术著作，引导学生进一步研读和思考。学生可以通过阅读经典案例和学者的著作，对刑法的理论和实践有更深刻的认识。

2. 案例与实例分析

尽管讲授法主要以教师讲述为主，但引入案例和实例分析依然是帮助学生更好地理解抽象法律理论的有效方式。

（1）使用真实案例

教师可以结合具体案件事实和法律适用，向学生讲解案件的经过和判决结果。通过分析真实案例，学生能够将抽象的法律规则与实际情况相结合，更好地理解法律的适用和意义。

例如：在合同法课程中，教师可以选取一些真实的合同纠纷案例，讲解当事人的权利和义务，以及法院的裁决原因。学生可以通过分析这些案例，了解合同法的适用条件和典型争议点。

（2）设计虚拟情境

除了使用真实案例，教师还可以设计虚拟情境，引导学生进行案例分析和解决问题的讨论。虚拟情境可以涉及不同法律领域和复杂情况，培养学生解决实际问题的能力。

例如：在民事诉讼法课程中，教师可以设计一个涉及民间借贷纠纷的虚拟案例。学生需要分别扮演借款人和借贷人，在教师的引导下模拟诉讼程序和辩论，锻炼诉讼技巧和辩论能力。

3. 互动与问答

尽管讲授法是以教师为主导的教学方式，但互动与问答的形式依然可以提高学生的参与度和学习积极性。

（1）提问与回答

教师可以在讲授过程中不时提出问题，鼓励学生回答。通过提问和回答，教师可以检验学生对知识的掌握情况，及时纠正学生的错误理解，促进学生思维的活跃度。

例如：在行政法课程中，教师可以提问学生什么是行政处罚、行政处罚的种类有哪些、行政处罚的法定程序等问题。学生通过回答这些问题可以巩固对行政法的理解。

（2）讨论与小组活动

教师可以组织学生进行小组讨论，让学生在小组内交流和分享对法律问题的看法，激发学生的学习兴趣，增加学生之间的互动与合作。

例如：在知识产权法课程中，教师可以将学生分成若干小组，每个小组代表一家公司，其中一家公司知识产权侵权的情境。学生需要在小组内讨论并提出保护知识产权的策略和措施。这样的小组活动可以培养学生团队合作和解决问题的能力。

（3）角色扮演

在讲授法中，教师可以通过角色扮演的方式让学生亲身体验法律实践过程。教师可以扮演相关角色，学生可以扮演律师、法官、证人等角色，模拟法庭辩论、审判和质询过程。

例如：在刑事诉讼法课程中，教师可以组织学生进行模拟法庭比赛，让学生扮演不同角色，进行模拟辩论、质证等活动。这样的角色扮演可以让学生亲身体验法庭实践，提高口头表达和辩论技巧。

在实施讲授法时，教师可以充分利用教学工具和手段，如 PPT 演示、教材和学术论文，为学生提供全面、系统的法学知识。同时，通过案例与实例分析、互动与问答、角色扮演等形式，教师可以提高学生的参与度和学习积极性，帮助学生更好地理解和应用法律知识。综合运用多种教学手段，可以提高讲授法的教学效果，促进学生的综合能力培养。在教学过程中，教师应根据不同课程和学生特点，灵活选择合适的教学手段，实现教学目标，促进学生全面发展。

二、讨论法

（一）讨论法的特点与适用范围

1.讨论法的特点

讨论法是一种以学生为主体的教学方法，强调通过讨论来激发学生主动参与和积极思考的热情。讨论法的特点主要包括以下几个方面：

主动参与积极思考。在讨论法中，学生积极参与课堂讨论，他们可以自由表达自己的观点和意见。这种互动式教学让学生从被动接收者转变为主动思考者，激发了他们的学习兴趣。

培养批判性思维。讨论法注重引导学生从多个角度思考问题，不仅限于简单的记忆和重复。通过与同学的交流和辩论，学生需要对不同观点进行分析和评估，培养批判性思维和判断能力。

促进团队合作。讨论法通常以小组形式进行，学生在小组内共同探讨问题。在小组讨论中，学生之间需要相互协作、共同解决问题，从而促进团队合作和交流能力的发展。

提高表达能力。通过讨论法，学生需要将自己的观点清晰地表达出来，以便与他人交流和讨论。这有助于提高学生的口头表达能力和逻辑思维能力。

多样性与开放性。讨论法的开展通常没有固定的答案，鼓励学生从不同角度思考问题，接受不同的观点。这种多样性和开放性的讨论氛围有助于拓宽学生的思维广度和视野。

2.讨论法在法学专业教学中的适用范围

在高校法学专业教学中，讨论法是一种高效而丰富的教学方法，适用于多个学科和课程。以下是讨论法在法学专业教学中的适用范围：

法学理论课程。在法学理论课程中，讨论法可以帮助学生深入理解法律的基本概念、原则和体系。通过讨论不同学派的观点和不同的法学理论，学生可以加深对法学学科本质的认知。

案例分析课程。在案例分析课程中，讨论法是一种常用的教学方法。教师可以提供一些具有争议性的法律案例，引导学生从不同角度进行讨论和分析，从而培养学生分析问题和解决问题的能力。

实务课程。在法律实务课程中，讨论法可以帮助学生了解真实法律工作中的实际情况。通过讨论法律实践中的难题，学生可以更好地理解法律的适用原则。

伦理道德课程。在伦理道德课程中，讨论法可以帮助学生探讨法律伦理和道德问题。通过讨论不同伦理理论和伦理冲突，学生可以加深对法律伦理的认知程度。

总体而言，讨论法在法学专业教学中具有广泛的适用性，它可以促进学生积极参与、思维开放、团队合作，培养批判性思维和表达能力。教师在教学中应灵活运用讨论法，并结合不同课程内容和学生需求，营造丰富多样的讨论氛围，促进学生的全面发展。

（二）讨论法的运用

1.讨论法的组织与引导

在高校法学专业教学中，讨论法的成功应用需要教师具备良好的组织和引导能力。以下是讨论法组织与引导的关键点：

（1）选择适当话题

教师应选择具有一定争议性或复杂性的法律话题作为讨论的话题。这样能够激发学生的兴趣和思考，使讨论更具深度和广度。

（2）提供背景信息

在讨论开始前，教师应提供必要的背景信息，让学生了解案例或问题的背景和情境。这有助于学生更好地理解问题，并减少误解。

（3）引导问题设计

教师可以设计开放性的问题，鼓励学生从不同角度思考和表达。问题的引导要具有启发性，让学生思考并提出有深度的答案。

（4）促进学生交流

教师应鼓励学生之间的交流和互动，让他们展示各自的观点和见解。可以采用小组讨论的形式，让学生在小组内相互交流，然后再向全班汇报讨论结果。

（5）鼓励批判性思维

在讨论过程中，教师应鼓励学生展现批判性思维，挑战现有的观点并提出不同的见解。

2.讨论法的灵活运用

讨论法可以灵活运用于不同类型的法学专业课程，包括理论性课程和实践性课程。以下是讨论法的灵活运用范围：

（1）理论性课程

在法学理论课程中，教师可以选取一些基础性或前沿性的法学理论问题作为讨论话题。

（2）实践性课程

在法律实务课程中，讨论法可以帮助学生将理论知识运用到实际案例中。教师可以选择一些具有挑战性的法律实务问题，让学生在小组中讨论并提出解决方案，从而培养实际操作技能和问题解决能力。

（3）伦理道德课程

在伦理道德课程中，讨论法可以帮助学生探讨法律伦理和道德问题。

3.提供合理反馈与总结

在讨论结束后，教师应对学生的表现给予反馈与总结。

（1）讨论表现评估

教师可以对学生在讨论中的表现进行评估，包括学生的主动性、参与度、表达能力、批判性思维和逻辑推理等方面。

（2）指导性反馈

教师应向学生提供指导性的反馈，指出学生在讨论中的优点和不足，并提出改进意见。这有助于学生不断提升讨论能力。

（3）总结讨论结果

教师可以对讨论结果进行总结，概括不同观点和结论。通过总结，学生可以更好地理解讨论的重点和核心问题。

三、案例教学

（一）案例教学的特点与适用范围

1.案例教学的特点

案例教学是一种以具体案例为基础的教学方法，通过向学生提供实际案例，让学生在课堂上进行案例分析和解决问题。其特点包括以下几个方面：

针对性和实践性。案例教学注重将理论知识应用于实际情境。教师通过选取具体案例，使学生直接面对实际问题，从而培养学生解决实际问题的能力。

培养批判性思维。案例教学鼓励学生从多个角度思考问题，挑战现有观点，并提出自己的见解。学生在分析案例的过程中培养批判性思维，不仅要回答问题，还要解释为什么这样回答。

促进自主学习。在案例教学中，学生需要主动参与，独立思考，自主解决问题。教师充当引导者的角色，鼓励学生自主学习和探索，从而培养学生的学习兴趣和主动性。

联系理论与实践。案例教学将抽象的理论知识与实际情境相结合，帮助学生理解理论知识在实践中的应用。这有助于学生更好地掌握知识，提高学习效果。

2.案例教学在法学专业教学中的适用范围

案例教学在法学专业教学中具有广泛的适用范围，包括以下几个方面：

法律实务类课程。案例教学特别适用于法律实务类课程，如刑事诉讼、民事诉讼、法律实习等。通过真实案例，学生可以了解实际法律操作和诉讼程序，培养实际操作技能。

法律理论类课程。在法律理论类课程中，案例教学有重要作用。教师可以选取典型的法律案例，引导学生分析法律理论的具体应用，从而加深对法律知识的理解。

法律伦理和职业道德课程。在法律伦理和职业道德课程中，案例教学可以帮助学生探讨法律伦理问题和道德困境。学生通过案例分析，了解法律职业中的道德问题，培养良好的职业道德素养。

跨学科教学。案例教学可以用于法学专业与其他学科的跨学科教学。例如，在知识产权法课程中，可以引用真实的知识产权案例，结合商业角度进行分析。

3.案例教学实施中的注意事项

选择合适的案例。教师在实施案例教学时，应选择合适的案例，既要符合课程目标，又要符合学生的学习水平和兴趣。

引导学生分析与讨论。教师在案例教学中要充当引导者的角色，鼓励学生积极参与讨论，提出问题，并指导学生深入分析案例。

加强反馈与评估。案例教学过程中，教师应及时提供反馈，评估学生的表现，并根据学生的表现调整教学策略。

综合案例教学与其他教学方法。案例教学不是唯一的教学方法，教师可以结合其他教学方法，如讲授法、讨论法、角色扮演等，提高教学效果。

（二）案例教学的运用

1.选择合适的案例

在案例教学中，教师的首要任务是选择合适的案例。合适的案例应该与课程内容密切相关，能够涵盖课程的核心概念和重要知识点。案例应该具有一定的难度，能够激发学生的学习兴趣和思考，但又不至于过于复杂，超出学生的理解范围。

案例可以来自真实的法律案例，也可以是虚构的情境，但无论哪种类型，都应该具有一定的教育意义和教学价值。教师可以根据学生的学习水平和课程目标，选择适合的案例，并在教学过程中逐步引入更具挑战性的案例。

2.引导学生分析案例

一旦选择了合适的案例，教师就应引导学生进行案例分析。在引入案例时，教师可以提供案例的背景信息、相关法律规定和争议点，然后鼓励学生主动参与分析。

学生可以在小组内或个人进行案例分析，从案件的事实描述、相关法律条文和先例判例出发，分析案件中存在的法律问题和可能的解决方案。教师可以在这个过程中起到指导和促进的作用，帮助学生厘清案件的逻辑脉络和法律关系。

3.鼓励学生参与讨论

案例教学强调学生的主动参与和自主学习。在案例分析过程中，教师应鼓励学生积极提出问题、分享见解，并展开讨论。教师可以提出开放性问题，引发学生的思考，引导学生从多个角度思考问题。

小组讨论是案例教学中常用的形式，学生之间可以在小组内相互交流和辩论，分享各自的观点。教师可以在小组讨论后，让每个小组代表向全班汇报讨论结果，从而促进学生之间的交流与合作。

4.提供反馈和指导

在学生完成案例分析后，教师应及时给予反馈和指导。教师可以针对学生的分析过程、结论、论据等方面给予评价，指出学生在分析中的优点和不足。这样有助于学生发现问题并改进分析方法。

另外，教师还可以补充案例中的相关背景知识和扩展阅读材料，丰富学生的知识储备。这些额外的信息可以帮助学生更全面地理解案例，拓展思维广度，加深对课程内容的理解。

通过选择合适的案例，引导学生分析案例，鼓励学生参与讨论，并及时提供反馈和指导，可以帮助学生将理论知识应用于实际情境，培养学生的批判性思维和解决问题的能力。

四、角色扮演

（一）角色扮演的特点与运用

1.角色扮演的特点

角色扮演是一种以学生参与角色表演的教学方法。教师将学生分为不同的角色，并为每个角色分配相应的身份和任务。学生在模拟情境中扮演这些角色，通过真实的情景模拟进行法律实践。角色扮演教学的特点在于其高度参与性和实践性。学生在角色扮演中亲身经历法律实务，积极参与决策和辩论，从而深入了解法律实践的复杂性。

2.角色扮演在法学专业教学中的适用范围

在高校法学专业教学中，角色扮演可以应用于模拟法庭比赛、法律聆听会、调解演练等活动。学生可以扮演律师、法官、证人、当事人等角色，根据案例情境进行模拟辩论、审判、调解和质询。通过角色扮演，学生能够加深对法律实践流程的理解，培养实际操作技能和沟通表达能力，提高解决问题的能力和自信心。

（二）角色扮演的运用

1.法律聆听会

法律聆听会是角色扮演在法律教学中的一种重要应用形式。通过模拟法庭环境和法律案例，学生可以扮演不同的角色，如律师、当事人、法官等，在模拟的法庭场景中进行聆听、陈述和质询。这种形式的角色扮演有助于学生更加深入地了解法庭诉讼过程和实践操作。

教师可以精心设计真实或虚构的法律案例，确保案例涵盖课程重点，并具有一定的难度，以激发学生的学习兴趣和挑战学生的思维。学生在角色扮演中需要通过了解案情、理解法律适用、模拟陈词辩论等，从而全面参与到模拟法庭的角色中。

法律聆听会的运用可以加强学生的批判性思维和实践能力。通过模拟法庭环境，学生需要展示出律师的辩护技巧、法官的审理能力，以及当事人的表达能力。另外，学生还能够加深对法庭程序和证据交换的理解，培养专业素养和职业道德。

2.调解演练

调解演练是另一种角色扮演在法学专业教学中的应用形式。通过模拟调解过程，学生可以扮演调解员、当事人、代理律师等角色，来解决模拟的纠纷。调解演练是培养学生解决争议的能力和培养非诉讼解决纠纷意识的有效方法。

在调解演练中，学生需要主动倾听当事人的诉求，提出合理化建议，推动当事人达成协议。通过与其他角色的互动和沟通，学生不仅可以锻炼调解技巧，还能够学习在复杂情况下保持中立和客观的态度。

调解演练的运用有助于学生理解非诉讼解决纠纷的重要性。传统诉讼可能耗费大量时间和资源，而调解作为一种快速有效的纠纷解决方法，更加注重当事人的自主决策和协商，能够更好地满足双方利益。

实例1：法律聆听会

教师设计了一起涉及知识产权侵权的模拟案件。学生被分成律师团、当事人和法官等不同角色，根据案件材料和法律规定，学生需要模拟法庭程序，进行陈述和辩论。律师团需要通过有效的辩护和质询来捍卫当事人的权益，法官需要审慎地做出裁决。通过这个案例，学生能够全面参与到法庭模拟中，提高自己的法律实践能力和团队合作意识。

实例2：调解演练

教师设计了一起模拟的家庭纠纷案件，学生分别扮演家庭成员和调解员。调解员需要耐心倾听各方的诉求，协调矛盾各方，推动各方达成协议。通过模拟调解过程，学生能够体会到调解的复杂性和重要性，锻炼自己的协商和沟通技巧，提高解决纠纷的能力。

通过法律聆听会和调解演练等形式的角色扮演，学生能够更深入地了解法律实务，并培养批判性思维、实践能力和解决问题的能力。这种亲身参与的教学方法能够激发学生的学习兴趣，激发学习动力，使学习过程更加生动和有效。

第二节 学生参与互动的教学策略

一、小组讨论与合作学习

（一）小组讨论的特点

小组讨论是一种教学方法，通过将学生分成小组，让他们共同探讨特定的话题、案例或问题。在小组讨论中，学生在一个相对自由的环境下，可以积极发表自己的观点、分享想法，并与其他组员进行交流与讨论。教师在小组讨论中扮演着指导者和监督者的角色，引导学生探索问题，促进学生之间的互动交流，达到共同学习和解决问题的目标。

学生主体性。小组讨论强调学生的主动性和自主性。学生在小组中不再是被动接收知识，而是自己提出问题、寻找答案，主动参与到讨论中。

合作学习。小组讨论鼓励学生之间的合作与互动。学生在小组中共同探讨问题，通过交流与分享不同的观点，从中获得新的知识和启示。

促进思辨与批判性思维。在小组讨论中，学生需要对问题进行深入思考和分析，并从多个角度来审视问题。这有助于培养学生的批判性思维和解决问题的能力。

培养沟通与表达能力。通过小组讨论，学生有机会练习口头表达和沟通的能力。他们需要清晰地表达自己的观点，同时理解并尊重其他组员的意见。

提高学习兴趣。小组讨论创设了一个积极、开放的学习氛围，有助于激发学生的学习兴趣和学习动力。

（二）小组讨论的运用

小组讨论在高校法学专业教学中有着广泛的运用，可以在不同的课程和教学环节中灵活应用。

1.法学理论课程

在法学理论课程中，教师可以设计一些引导性问题或案例，让学生分组进行讨论。例如，在法学伦理学课程中，可以提出关于道德伦理问题的案例，如"在紧急情况下是否可以撒谎拯救他人"的伦理困境。学生可以在小组内共同讨论这一问题，探索不同的伦理观点和道德原则，并形成自己的看法。

2.法律实务课程

在法律实务课程中，小组讨论是培养学生实际应用能力的有效方法。教师可以提供实际的法律案例或模拟法庭情景，要求学生分组进行角色扮演和模拟辩论。例如，在模拟法庭课程中，学生可以分成原告和被告两个小组，在法庭模拟中进行辩论和辩护，锻炼学生的辩论技巧和实务操作能力。

3.研讨性课程

在研讨性课程中，学生可以选择感兴趣的课题进行深入研究，并分成小组进行讨论。教师可以根据学生的兴趣和专业方向，引导他们选择适合的研究课题。例如，在知识产权法课程中，学生可以自由分成小组，研究知识产权保护的实际案例，深入探讨相关法律原理和国际法律规则，通过小组讨论共同探讨应对知识产权保护的挑战与解决方案。

（三）小组讨论的实施步骤与方法

明确讨论目标。在进行小组讨论前，教师需要明确讨论的目标和任务。目标可以是深入理解某个法律概念、解决特定法律问题、讨论法律实务案例等。确立明确的讨论目标有助于指导学生的讨论方向。

分组与组织。教师可以根据课程内容和讨论目标，将学生分成合适的小组。小组成员最好是多样化的，包括不同学习水平和背景的学生，这样可以充分利用各个学生的优势，促进交流与合作。另外，教师还可以选择不同的组织方式，如随机分组、学生自行组队等。

讨论指导与引导。教师应在小组讨论中起到指导和引导的作用。教师可以在讨论开始前简要介绍讨论话题，并提出一些问题或观点供学生参考。在讨论过程中，教师可以适时给予指导，引导学生深入思考，扩展讨论范围，确保讨论的质量和效果。

讨论时间控制。教师需要控制好讨论的时间，确保每个小组有足够的时间进行深入讨论，同时也不要让讨论时间过长，避免学生失去兴趣和专注度。

总结与归纳。小组讨论结束后，教师可以进行总结和归纳，提炼出讨论中的重要观点和结论，并与学生共享。这有助于加深学生对讨论内容的理解，并巩固所学知识。

二、辩论与赛事

（一）辩论与赛事的特点

辩论与赛事是一种富有挑战性和互动性的教学活动，通过模拟辩论形式，让学生代表不同立场进行辩论，以推进对特定话题的深入探讨。在这个过程中，学生需要通过逻辑思维和口才表达，争取说服观众或评委认可自己的观点。辩论与赛事的特点主要体现在以下几个方面：

1.学生主体性

辩论与赛事注重学生的主动参与和自主表达，将学生置于学习和探讨的主导地位。学生在辩论过程中不再是被动接收知识的对象，而是通过深入思考、论证和交流来主动探索问题。他们积极提出问题、分享见解，参与到辩论的各个环节中，从而培养了学生的学习主动性和自主学习能力。学生在辩论中充当参与者和塑造者的双重角色，积极参与其中，不断提升自己的学术素养和综合能力。

2.立场明确

辩论与赛事要求学生代表不同的立场，如正方或反方，或不同的观点和利益相关者。学生需要对特定问题或话题表明自己的立场，并通过论证来支持自己的观点。这种明确的立场对立有助于学生理解和比较不同观点，提高了学生对复杂问题的深入思考能力。通过代表不同立场进行辩论，学生能够拓宽自己的视野，加深对多样性和包容性的认识，从而培养学生的批判性思维和辨析能力。

3. 逻辑推理

辩论与赛事鼓励学生运用逻辑推理，合理组织论据和证据，以增强辩论的说服力。学生在辩论中需要对自己的观点提出有利的论据，并通过逻辑推理来展开合理的论证。这会培养学生的辩论和思辨能力，使他们能够从复杂的问题中抽丝剥茧，找出问题的核心，进行深入的分析和辩证的思考。

4. 口才表达

在辩论与赛事中，学生需要充分发挥口才表达能力，清晰地陈述观点，准确表达思想。有效的口才表达不仅包括语言的准确性，还包括情感的表达和身体语言的运用。学生需要用有力的语言和论据来说服观众或评委，增强辩论的说服力。

5. 团队合作

辩论赛等集体活动中，学生需要与队友紧密合作，协调团队中各个成员的观点，形成有力的团队合作。团队合作不仅包括在辩论中相互支持和协助，还包括在辩论前的充分沟通和分工合作，以及在辩论后的共同总结和反思。通过团队合作，学生不仅要学会倾听和尊重他人观点，还要学会妥协和合作，从而培养团队意识和沟通协作能力。

通过辩论与赛事，学生能够充分发挥主体性，明确立场，运用逻辑推理，提升口才表达能力，培养团队合作精神。这不仅有助于学生深入理解法律知识，增强解决问题的能力，还为他们未来的法律职业发展打下坚实的基础。因此，教师应积极运用辩论与赛事，创造更多的学习机会和平台，激发学生的学习热情，促进全面发展。

（二）辩论与赛事的运用

在法学专业教学中，辩论与赛事是一个有效且具有广泛应用的教学策略。教师可以将辩论与赛事运用于多个学科领域和教学环节。

1. 学科领域

（1）刑法课程中的模拟法庭辩论赛

在刑法课程中，教师可以组织模拟法庭辩论赛，让学生扮演检察官和辩护律师，模拟真实的刑事审判过程。教师可以选择真实的刑事案件作为辩论的案例，将学生分为控方和辩方，各自陈述案件事实和证据，并展开辩论。通过这样的辩论赛，学生能够深入了解刑事审判的程序和法律适用，锻炼辩论技巧，提高对刑法知识的理解。

（2）商法课程中的主题辩论课堂

在商法课程中，教师可以组织主题辩论课堂，让学生就某些商业法律问题进行辩论。例如，教师可以选择关于合同解释的问题，让学生就不同的合同解释理论和观点进行辩论。学生需要运用商法知识，引用相关案例和法律条文，通过逻辑推理和论证，支持自己的观点。这样的辩论课堂可以激发学生的思考和讨论，拓展学生的知识面，培养学生分析问题和解决问题的能力。

2.教学环节

（1）小组辩论

在课堂上，教师可以将学生分成小组，每个小组负责讨论一个特定话题或问题。学生在小组内可以自由发表观点，交流意见，并就话题展开辩论。教师可以担任指导者的角色，引导学生的讨论方向和深度。通过小组辩论，学生不仅会增进对法律知识的理解，还会培养合作和团队精神，从而激发学生的学习兴趣。

（2）辩论赛与竞赛

除了课堂上的小组辩论，学校的法学社团或学生组织还可以组织辩论赛与竞赛。这些辩论赛可以是学校内部的比赛，也可以是与其他学校之间的竞赛。学生可以根据不同赛事的主题和规则，准备相应的辩论材料，代表学校参与竞赛。这样的赛事不仅可以提高学生的辩论技巧和口才表达能力，还可以增强学生的社交经验和竞争意识。

除了在课堂内组织辩论与赛事，学校的法学社团还可以定期举办公开的辩论赛和模拟法庭竞赛。这样的活动会吸引众多学生的参与，提高学校的知名度和影响力。同时，这些赛事也会为学生提供一个展示自己才能的舞台，增强学生对法学专业的认同感和归属感。

在辩论与赛事的运用过程中，教师起到了重要的指导和引导作用。教师不仅负责组织和安排辩论与赛事，还应提供必要的指导和反馈。在辩论赛之前，教师可以开展辩论技巧和口才训练，帮助学生提高表达能力和逻辑思维。在辩论赛之后，教师应及时对学生的表现进行评价和总结，鼓励学生优点，指出改进之处，促进学生的成长和进步。

总体而言，辩论与赛事作为一种有效的教学策略，为法学专业学生提供了一个全面发展的平台。通过参与辩论与赛事，学生不仅加深了对法律知识的理解，还培养了解决问题的能力、团队合作精神和口才表达能力，为他们未来成为优秀的法学专业人才奠定了坚实基础。教师在运用辩论与赛事时，要充分发挥指导和引导作用，确保活动的顺利进行，使学生在辩论与赛事中得到全面的成长与提高。

三、问题解决与决策训练

（一）问题解决与决策训练的内涵与特点

问题解决与决策训练是一种以学生为主体的教学方法，旨在培养学生独立思考和解决问题的能力。在这种教学策略中，教师通过提供具体的问题或案例，激发学生的思维，引导他们进行问题分析、信息收集、制定解决方案，并最终做出明智的决定。这种方法注重培养学生的批判性思维、创造性思维和合作精神。

学生主体性。问题解决与决策训练强调学生的主动参与和自主学习。学生在解决问题和做出决定的过程中充当主体角色，教师则充当指导者的角色，引导学生发现问题、分析问题和寻找解决方案。

独立思考。在问题解决与决策训练中，学生需要独立进行思考，不依赖他人的答案或意见。他们需要运用所学知识和技能，结合实际情况，全面考虑问题的各个方面，找到最佳解决方案。

实践性。问题解决与决策训练强调学生运用所学知识解决实际问题。通过面对真实或模拟的情境，学生需要灵活运用法律理论与原则，解决复杂的法律问题。

合作学习。尽管问题解决与决策训练注重学生的独立思考，但在某些情况下，学生也需要合作学习。学生之间可以互相交流、协商，共同分析问题和制定解决方案，培养团队合作精神和沟通能力。

（二）问题解决与决策训练的运用

问题解决与决策训练在法学专业教学中具有广泛的应用。教师可以将这种教学策略运用于不同学科领域和教学环节。

在法学专业的法律实务课程中，教师可以向学生提供真实的法律案例或实际问题，让学生充当律师或法律顾问的角色，从客户的角度出发，分析问题并提出合理的解决方案。例如，学生可以扮演律师，接受客户的委托，研究案件事实和相关法律条文，然后向客户提供具体的法律建议。

在法学理论课程中，问题解决与决策训练也可以得到应用。教师可以提出一些理论性的法律问题，要求学生通过学习法律理论和相关案例，进行分析和解答。例如，教师可以提出一个关于刑法责任的理论问题，要求学生通过阅读刑法理论和相关判例，给出自己的解释。

除了在课堂上进行问题解决与决策训练，教师还可以组织学生参与模拟法庭竞赛等活动。在模拟法庭竞赛中，学生需要扮演不同角色，模拟真实的法庭环境，通过辩论和辩护，解决复杂的法律问题。在这样的比赛中，学生不仅需要展现自己的法律知识和技能，还需要灵活运用逻辑推理和口才表达能力，提高自己的辩论和辩护水平。

问题解决与决策训练的运用不仅限于课堂教学和比赛活动，还可以融入学生的实习和实践环节。例如，在实习过程中，学生可能面临一些复杂的法律问题和实际挑战。教师可以鼓励学生在实践中运用所学的法律知识，进行问题解决和决策，从而加深对法律理论与实践的融合理解。

问题解决与决策训练在法学专业教学中具有重要的实践意义，有助于培养学生的综合素质和专业能力，为其将来从事法律实务工作奠定坚实基础。

第三节　多媒体技术在法学教学中的应用

一、多媒体教学设计与实施

在应用多媒体网络技术的过程中，高校法学专业进行了线上线下混合式教学的探索，但同时也在教学实践中暴露出了教师线上教学能力、教学环境创设等方面的诸多问题。结合法学专业课程线上线下融合教学的重要性，对多媒体网络技术具体应用过程中存在的问题进行分析，以提升线上教学资源的质量、实现线上线下教学的有机结合、完善教学质量监督制度等方面进行优化调整，促进线上与线下教学的优势互补，助力学生的健康成长。

（一）法学专业课程教学中多媒体网络技术的应用现状

近年来多媒体网络技术在法学专业课程教学中的应用得到逐渐推广，但仍存在一些挑战。一方面，传统的简单上传视频教学导致教学资源单一且时长过长，缺乏互动和个性化特点；另一方面，新冠疫情的暴发影响了各行各业的运转，影响了我国社会经济的发展，其消极影响还波及教育领域。在新冠疫情初期，多地教育部门下达了延迟开学的通知。在这种情况下，线上教学模式被推到了大众面前，国内外众多学校开展了史无前例的大规模线上教学实践，有效保障了学校教学工作的开展。

目前，许多法学专业教师开始尝试利用多媒体网络技术进行创新教学。其中，微课成为一种热门的线上教学方式，教师可以结合图文、音频、视频等多媒体元素，对知识点进行精炼和解读。这种形式有助于学生自主学习和随时回顾，提高了学习效率。

另外，一些学校和教师还在线上教学中引入互动环节，如在线答疑、讨论板块等，以增强学生参与感。同时，部分法学专业教师在线上课程中引入案例分析，通过实际案例让学生运用理论知识解决问题，培养实践能力。

然而，要实现多媒体网络技术在法学专业教学中的最大化应用，还需克服一些困难。首先，需要提升教师的多媒体教学技能和创新意识，以更好地设计丰富多样的教学内容。其次，应不断丰富多媒体教学资源，包括案例库、教学视频、图文材料等，满足不同学习需求。最后，需解决在线教学的技术问题和网络状况，确保教学过程的稳定和流畅。

随着技术的不断发展和教学经验的积累，相信在未来，多媒体网络技术会更好地融入法学专业教学，为学生提供更高效、便捷、多样化的学习体验。

（二）后疫情时代法学专业课程线上线下融合教学的重要性

1.法学专业课程线上线下融合教学是学生全面发展的需要

在信息化时代，应用信息技术进行线上线下融合教学已成为教育领域的趋势，包括法学专业课程教学。对处于认知思维发展尚不完善阶段的法学专业学生，融合教学模式具有比单纯线下教学更大的优势。信息技术教学突破了传统授课的限制，拓展了法学专业教学内容，有利于培养学生的综合能力，同时顺应了高校学生学习知识与技巧的规律。

随着信息时代的到来，学生接触到的新鲜事物和获取信息的渠道日益丰富。在这样的背景下，传统的教学方法已经无法满足学生的学习需求，因此，融合教学模式应运而生。通过线上教学平台，学生可以获取更广泛的学习资源，进行自主学习和深入研究。同时，线下教学可以提供更加实践性的学习体验，如模拟法庭辩论、案例分析等，有助于培养学生的实践能力和解决问题的能力。

融合教学模式可以增加学生与教师之间的互动和交流。在线上平台上，学生可以通过讨论区、在线答疑等方式与教师进行实时互动，解决疑问和深入探讨学习内容，而线下教学则可以促进学生之间的合作与交流，形成良好的学习氛围。

对法学专业学生的全面发展，线上线下融合教学模式是一个必要而有效的教学策略。这种模式能够适应信息化时代的教育要求，提升学生的学习效果和综合素养，使他们可以更好地适应未来社会的发展和挑战。因此，法学专业课程教学只有采用线上与线下融合教学的模式，才能满足学生的发展需求，才能实现新时代下学生的全面发展。

2.法学专业课程线上线下教学是教育公平理念实施的重要路径

由于教育资源的不均衡分配，我国的教育水平存在地区差异。信息技术的应用为实现教育公平提供了新的路径。线上线下融合教学在教育公平理念的实施中扮演着重要的角色。

信息技术的发展使得教育可以跨越时空限制，使得优质教育资源能够在不同地区共享和传递。通过线上教学平台，经济欠发达地区的学生也能够接触到来自发达地区的优质教育资源，从而缩小地区之间的教育差距。法学专业课程线上线下教学的融合，使得优秀的法学专业教师可以通过网络向全国范围的学生传授知识，促进教育资源的均衡分配。

从教师角度来看，线上线下融合教学模式为教师提供了更多的教学资源。教师可以通过网络获取各类教学资源和优秀案例，丰富教学内容，提升教学质量。同时，教师能够通过网络与其他地区的教师进行交流合作，相互借鉴经验，促进教学水平的提高。

推动线上线下融合教学的实施，学校需要加强对信息技术的支持和建设，完善教育网络服务体系，提高网络教学的质量和稳定性。同时，政府需要在政策层面给予支持，鼓励各地区加强合作，形成教育资源共享的良好局面。

通过信息技术的应用，优质教育资源得以更好的传递和共享，地区之间的教育差距得以缩小，从而促进教育公平理念的实现。在推进线上线下融合教学的过程中，需要政府、学校和教师共同努力，为学生提供更加公平、优质的教育机会。

3.法学专业课程线上线下教学是教育发展的必然趋势

在后疫情时代，线上教学已经成为教育发展的必然趋势。特别是在信息技术飞速发展的背景下，各种新技术在教育领域崭露头角，推动着教育模式的不断更新和完善。对法学专业课程教学而言，线上教学是一个重要的补充和拓展，与线下教学进行融合则更能满足教学的要求，使教学效果最大化。

随着网络技术的普及和提升，线上教学为法学专业学生提供了更加灵活和便捷的学习方式。学生可以根据自己的时间和地点灵活安排学习进度，实现自主学习。此外，线上教学还可以通过多媒体、互动教学等手段提供丰富的教学资源，使学生能够更加深入地理解和消化所学知识。

然而，纯粹依靠线上教学也存在一些局限性，尤其对法学专业这种实践性强的学科而言。法学专业需要学生进行案例分析、实地调研、模拟法庭等实践活动，这些无法完全通过线上教学来实现。因此，线上教学与线下教学相结合，形成线上线下融合的教学模式，是法学专业课程教学发展的必然趋势。

线上线下融合教学模式可以有效地弥补纯线上教学的不足，通过线上教学的预习和知识传递，为线下教学创造更多的互动和实践机会。例如，在线上教学阶段，教师可以通过微课或视频课程传授理论知识，学生可以在自己的时间里进行预习和学习。在线下教学阶段，则可以进行案例分析、模拟法庭等实践活动，教师和学生进行更加密切地互动和交流。

通过充分利用信息技术，将线上教学与线下教学相结合，可以为学生提供更加灵活和多样化的学习方式，使教学效果最大化，同时促进了法学专业课程教学模式的不断创新和质量的提升。

（三）后疫情时代法学专业课程教学多媒体应用存在的问题

1.法学专业课程资源短缺

在我国，随着网络教育的发展，慕课（MOOC）等网络教育平台已经形成了丰富多样的课程资源，涵盖了各个学科领域。在新冠疫情期间，线上教学得到了广泛应用，尤其是MOOC等平台的线上课程成为"停课不停学"的重要途径。然而，在这一发展过程中，法学专业课程资源短缺成为一个值得关注的问题。

法学专业具有自身独特的教学特点和学科性质，需要结合实践案例进行教学。然而，当前各大在线教育平台上的法学专业课程资源相对较少，主要集中在健康教育的理论课程，缺乏实践案例和具体案例分析。这导致法学专业课程在线上教学时难以充分满足学生对实际法律应用的需求，影响了学生对理论知识的理解和消化。

尽管有些专家学者针对法学专业课程进行了线上线下融合教学理论研究和实践探索，但由于法学专业的实践性强，线上教学难以很好地结合理论与实践。这使得线上教学模式对法学专业的教学效果存在一定的限制。

另外，在线上教学中，师生之间的互动和资源展示有时受到限制，导致学生对理论知识的理解不够深入。在线上教学资源的不足也导致了线上线下教学模式难以有效融合，无法实现教学内容的无缝衔接，甚至存在与教学脱节的情况。

为了解决法学专业课程资源短缺的问题，学校需要加强对法学教师的培训和教育，提高其线上教学资源开发和设计能力。同时，学校需要进一步探索线上线下融合教学的有效方式，结合实践案例，提供丰富的教学资源，使法学专业课程在线上教学中能够更好地满足学生的学习需求，促进教学质量的提升。此外，学校还要加强对法学专业在线教学平台的建设和运营，提高在线教学资源的质量和覆盖范围，这是解决法学专业课程资源短缺问题的重要举措。

2.法学专业教师信息化素养水平不高

法学专业课程具备很强的实践性，因此在进行法学专业教师职前培养时，就更为侧重实践教学。不少法学专业教师将线上课程当成一种辅助类课程，很少会对其进行深入研究和探讨。这就使得当前大部分的法学专业课程教师对线上教学很不熟悉，甚至对一些网络基础操作也很不熟练。因此，疫情出现之初，很多法学专业教师对线上教学措手不及，根本不知如何下手。特别是对一些年龄相对较大的法学专业教师来说，他们对新鲜事物的接受度低，难适应这种教学方式，进行线上教学的难度更大。他们中的一些人甚至认为信息技术与法学专业课程教学关系不大。在当前疫情防控常态化背景下，要求教师具备信息专业素养，有能力进行线上与线下融合教学模式的创新。

3.教学效率低下

法学专业课程教学的本质在于教学环境的创设，只有在必要的环境之中才能保障教学效果。法学专业课程教学环境是综合多种环境要素和教学环节之后所形成的大环境。线教育环境的创设，需要教师与学生的反复沟通才可以完成。同时，在线教学具有一定的封闭性，教学视频的界面也在不断地切换，从而会影响教学效率的提升。法学专业课程教学如果失去良好的教学环境，就无法满足教与学的需要，反而可能因为增加很多无效的教学环节，在无形中会增加学生的负面情绪，无法激发学生的学习积极性，使得学生无法将自己对知识的需求转化为法学专业课程学习的动力。

（四）法学专业课程教学中多媒体网络技术的应用路径

法学专业课程教学可利用的平台有云端课堂、雨课堂、超星学习通等。利用相对完善的教学平台，针对现有的问题，可以构建出科学合理的混合教学模式。

1.提升线上教学资源的质量

法学专业课程混合教学模式还处于探索时期。目前，大多数法学专业课程的线上教学资源依旧存在着形式化的现象，有些教师只是上传了自己的课件和教案，仅少部分教师录制了相应的重难点讲解视频，整个线上教学资源缺乏科学性。理想的混合教学模式应该要实现线下教师的有效讲授与线上导学、反馈的紧密结合。学生实际需要的是内容丰富、形式多样的高质量网上学习资源。这就要求教师不断提升自己的计算机应用能力，学习Flash动画技术、图片处理技术、视频录制和剪辑技术等，为学生设计有趣的教学内容，使网上平台成为促使学生学习的有效途径。学校要组织专门的力量，在平台上发布合适的热点内容，增进法学专业知识与现实生活的联系。

线上资源质量的提升需要学校协调好教师力量，促进计算机教师、美工教师和专业课教师的合作。高质量线上法学专业课程学习资源的建设是一个漫长的过程，学校和教师都应该有长期作战的准备，在资金和技术力量的储备上有一个长远的规划。

2.实现线上线下教学的有机结合

法学专业课程的线上线下结合需要遵循相应的规律，确保教学的实际效果。因此，在具体教学开展的过程中，教师要以法学专业课程知识为基础，进行分类教学。具体来说，教师要在学期开始之前，依靠知识体系和课程标准，制定相应的教学目标；在合作探究的基础上，将教学目标分化为线上和线下教学两种；在科学的目标指导之下，实现线上线下教学的有机结合。混合教学模式更需要教师提升自己的课程"导演"能力，同时要利用培训手段，提升自己的信息技术应用能力。

3.完善教学质量监督制度

在混合教学模式之下，学校需要进一步加强学习监督机制。教育部门要鼓励学校使用相应的学习软件，有针对性地解决学生的作业拖延和抄袭问题。软件要有作业提醒功能、错题记录和讲解功能。同时，软件应该包括锁定功能，使得学习软件一旦开启，其他的娱乐软件就被自动锁定。学生在电脑端学习时，其双手应出现在屏幕"可视"范围内，一旦双手离开，就要有相应的警示语音。

在学习平台上，还应当有相应的纠错功能，能够利用大数据技术归纳学生学习过程中的薄弱之处，以减轻教师的工作量。

法学专业借助多媒体网络技术，实施线上线下结合的翻转教学模式，这是其课程教学发展的必然趋势。当前，多媒体网络教学已经进入了深化期和改革期，在法学专业课程多媒体网络技术应用的过程中，教师要能够结合法学专业的特性，以及学生群体的学习和发展需求，进行多元化、系统化的探索，以此来充分发挥多媒体网络的技术优势。

二、在线学习平台与资源建设

随着信息技术的迅速发展，互联网的普及和数字化工具的日益成熟，各种在线学习平台不断涌现，为法学教学提供了更多的可能性。这些在线学习平台可以是大型教育机构的官方平台，也可以是第三方教育服务提供商的平台，它们以便捷的学习形式、丰富的教学资源和灵活的学习时间，为学生和教师带来了全新的教学体验。

（一）多样化的教学内容和资源

在线学习平台为法学专业教学提供了一个丰富多样的教学资源库。教师可以将课件、讲义、案例分析、学术论文等多样化的教学内容上传至平台，学生可以根据自己的学习进度和需求自主选择学习材料。同时，教师还可以将课程视频、录播课程等教学资源加入平台，供学生反复观看和学习。

例如：一所法学院可以在在线学习平台上建立专门的案例分析库，每周定期更新真实案例，供学生研读和讨论。这样不仅可以拓展学生的知识面，还能培养学生对实际法律问题的解决能力。

（二）互动和合作学习机制

在线学习平台可以引入互动和合作学习机制，加强学生与教师、学生与学生之间的互动和交流。平台上设置讨论区、在线问答等功能，学生可以在这些平台上与教师进行实时互动，解答疑惑。同时教师可以与同学们讨论学习问题、分享学习心得。这样的互动学习机制有助于提高学生学习的积极性和主动性。

例如，一个法学专业的在线学习平台可以设立讨论区，供学生在课后就特定案例或法律问题展开讨论，学生可以提出自己的观点，与其他同学进行交流，也可以看到教师对讨论内容的点评。这样的互动讨论活动有助于激发学生的思考和创新能力。

（三）线上考试和评估

在线学习平台可以设立线上考试和评估系统，及时对学生的学习情况进行评估和反馈。教师可以根据学生的在线测试成绩和作业表现，及时调整教学进度和教学策略，帮助学生及时补充知识漏洞，提高学习效果。

例如：一门法学课程可以在在线学习平台上设立每周的在线测试，对学生的学习进度和理解程度进行评估。根据学生的测试成绩，教师可以发现学生的薄弱环节，并有针对性地进行辅导和帮助。

（四）线上实践活动

在线学习平台可以举办一些线上实践活动，增强学生的实践能力。例如，既可以组织线上模拟法庭辩论赛，让学生扮演不同角色进行辩论，也可以组织线上案例分析竞赛，让学生通过分析真实案例来解决法律问题。这样的线上实践活动有助于培养学生的实际操作能力和解决问题的能力。

（五）基于数据分析的个性化教学

在线学习平台可以利用数据分析技术，根据学生的学习数据和学习习惯，进行个性化教学。平台可以根据学生的学习行为和学习成绩，推荐适合学生的学习资源和学习路径，帮助学生提高学习效率和学习成绩。

例如：平台可以根据学生的学习记录和学习偏好，推荐相关案例、论文或讲座，帮助学生深入学习感兴趣的法学领域。

通过合理利用在线学习平台和多样化的教学资源，可以提高法学专业课程的教学质量和教学效果，促进学生全面发展和综合素质的提升。同时，在线学习平台为实现教育公平提供了新的路径，打破地域限制，让优质的教育资源能够更广泛地传递给每一位学生。

第四章　高校法学专业课程评估与质量保障

第一节　法学课程评估的目的与方法

法学课程评估是教育教学过程中的重要环节，通过评估可以了解教学效果、学生学习成果以及教师的教学水平，从而不断优化课程设计和教学方法，提高教学质量。

一、教学效果评估

（一）教学效果评估的目的

教学效果评估是为了了解法学课程在教学过程中所取得的成效。通过评估可以检查课程设置是否符合教学目标，教学内容是否有针对性，教学方法是否有效，以及教学资源是否充足等方面内容。另外，教学效果评估还可以发现教学中存在的问题和不足，为进一步改进教学提供依据。

确定教学目标和优化课程设置。教学效果评估的首要目的是帮助教师明确教学目标。通过评估，可以确定课程所应达到的学习目标和预期效果。教师在进行课程设计时，应根据学科性质和学生需求明确教学目标，确保教学内容和方法与目标相一致。如果教学目标已经明确，评估结果就可以帮助教师判断课程是否达到了预期的效果，是否需要进行优化和调整。

检查教学方法和教学资源的有效性。教学效果评估可以检查教学方法和教学资源的有效性。教学方法是影响教学效果的重要因素，不同的教学方法可能对学生产生不同的学习效果。通过评估可以了解不同教学方法对学生学习的影响，进而选择和优化教学方法。另外，教学资源的充足性和适用性也会影响教学效果。评估可以帮助教师确定是否需要增加或改进教学资源，以提高教学效果。

发现教学中存在的问题和不足。教学效果评估可以帮助教师发现教学中存在的问题和不足。可能有些教学内容不够吸引学生，或者教学方法没有激发学生的学习兴趣。评估结果可以帮助教师发现这些问题，从而及时进行改进。另外，通过评估也可以发现学生在学习过程中的困难，帮助教师采取措施帮助学生克服困难。

提高教学质量和教学效率。教学效果评估是提高教学质量和教学效率的有力手段。通过评估教师可以发现教学中的问题并及时改进，优化课程设置和教学方法，进而提高教学质量。同时，评估可以了解学生对课程的反馈和需求，帮助教师更好地满足学生的学习需求，提高教学效率。

改进教学策略和教学管理。教学效果评估可以为教师提供宝贵的信息，帮助他们改进教学策略。评估结果可以指导教师调整教学策略，更好地适应学生的学习特点和需求，帮助教师改进教学管理方法，优化教学资源配置。

教学效果评估的目的是多方面的，包括确定教学目标、检查教学方法和教学资源的有效性、发现教学中存在的问题和不足、提高教学质量和教学效率，以及改进教学策略和教学管理。通过综合运用不同的评估方法，可以全面了解法学课程的教学效果，为教学改进和提高教学质量提供科学依据。

（二）教学效果评估的方法

1.学生评价

学生评价是一种常用且重要的教学效果评估方法。通过征求学生对课程的看法，可以直接获得来自学生的反馈意见。这可以通过匿名问卷、讨论小组、焦点小组访谈等方式进行。学生的反馈，可以帮助教师了解学生对教学内容、教学方法和教师教学水平的满意度。通过学生评价，教师可以了解学生对教学内容的理解程度，他们对课程的兴趣和参与程度，以及教学过程中可能存在的问题。例如，在法学专业的法律伦理课程中，教师可以通过匿名问卷征求学生对案例分析和道德讨论环节的评价，了解学生对这些教学活动的看法。

2.学习成绩分析

学习成绩分析是另一种常见的教学效果评估方法，通过对学生的考试成绩、作业成绩和课堂表现等进行分析，了解学生的学习状况和学习进展。学习成绩是学生学习效果的重要指标之一，可以反映课程的难易程度和教学的有效性。通过学习成绩分析，教师可以评估教学是否达到了预期的效果，是否有必要调整教学策略。例如，在法学专业的民商法课程中，教师可以对学生的期末考试成绩进行分析，了解学生对法律条文的掌握情况，了解学生是否能够运用法律知识解决实际问题，进而判断教学是否取得了预期的效果。

3.教学观察

教学观察是一种直接观察教学过程的评估方法，可以通过教学观察员对课堂教学进行观察和记录，了解教师的教学方式、教学内容和学生反映。教学观察可以客观地评估教师的教学水平和教学效果。例如，在法学专业的模拟法庭教学中，教学观察员可以观察教师在模拟法庭上扮演法官或律师的表现，评估教师的专业知识水平和口头表达能力，同时可以观察学生在辩论中的表现和互动情况，评估教学的有效性和学生的参与程度。

以上这些方法可以相互结合，全面地了解教学的效果和存在的问题，为教学改进和提高教学质量提供科学依据。例如，在法学课程中，教师可以根据不同的评估方法，针对性地收集和分析数据，进而优化教学设计和教学策略，提高教学效果和学生学习成绩。此外，教学效果评估的结果还可以为教学改革和课程优化提供重要参考，使教学过程更加科学、高效、符合学生需求。

二、学生学习成果评价

（一）学生学习成果评价的目的

学生学习成果评价是为了评估学生在法学课程学习过程中所取得的成果。通过评价可以了解学生的知识掌握程度、能力水平和综合素质，为学生的学业发展和职业规划提供参考。

评估学习效果。学生学习成果评价是用来评估学生在法学课程学习过程中所取得的成果。通过评价学生的学习成果，可以了解学生对课程内容的掌握程度、知识的理解程度以及解决问题的能力。这有助于教师了解教学效果，了解课程是否达到了预期的教学目标，以及是否需要调整教学方法和内容，以进一步优化教学过程。

激发学生学习动力。学生学习成果评价可以激发学生的学习兴趣和动力。当学生知道自己的学习成果会被评估时，他们就会更加努力地学习，从而提高学习效率和积极性。评价结果可以作为学生的学习反馈，让他们知道自己的优势和不足，从而更有针对性地改进学习方法，进一步提高学习成绩。

个性化学习指导。学习成果评价可以为学生个性化学习提供指导。通过评价结果，教师可以了解学生的学习特点，从而为学生提供个性化的指导。例如，如果发现某位学生在法学案例分析上表现较弱，教师可以有针对性地提供更多案例分析练习，帮助这位学生弥补不足，提高学习效果。

评估教学质量。学生学习成果评价是对教学质量的一种评估。学生学习成果的好坏反映了教学过程中的有效性和质量。优秀的学习成果通常意味着教学过程有效，教师教学水平高，教学资源充足。相反，学生学习成果不佳可能意味着教学存在问题，需要进行改进和优化。

总体来说，学生学习成果评价在法学教学中会起到非常重要的作用。它不仅是对学生学习成果的客观评估，更是对教学质量和效果的反馈。通过学生学习成果评价，教师可以更好地了解学生的学习情况和需求，提高教学质量，帮助学生取得更好的学习成果。

（二）学生学习成果评价的方法

学生学习成果评价是多方位、多角度地对学生的学习成绩和能力进行全面评估的过程。在法学专业课程中，可以采用以下几种方法来评价学生的学习成果：

1.考试评价

考试评价是最常见的学生学习成果评价方法之一。通过定期的考试和测验，可以测试学生对课程知识的掌握程度和应用能力。例如，针对法学课程，可以设置闭卷考试来考查学生对法律理论和法律条文的理解能力，也可以设置开卷考试或开放性问题来考查学生的分析与解决问题的能力。考试评价可以客观地反映学生的理论水平，但存在一定的局限性，它无法全面反映学生所有的能力和掌握的知识。

2.作业评价

作业评价是另一种重要的学生学习成果评价方法。通过布置各类作业，如论文、案例分析、实验报告等，可以评估学生的学术研究和实践能力。例如，在法学专业课程中，学生可以通过案例分析作业来运用法律理论解决实际问题，通过写论文来深入探讨某一法律问题。作业评价可以考查学生的创新思维能力和综合运用能力，同时可以促进学生的自主学习和独立思考能力。

3.课堂表现评价

课堂表现评价是通过观察学生在课堂上的表现和参与情况，来评估学生的学习态度和主动性。例如，在法学专业课程中，教师可以结合课堂讨论、小组活动和角色扮演等方式，观察学生的互动和表现。课堂表现评价可以发现学生的优势和问题，帮助学生进行个性化学习辅导，同时鼓励学生积极参与课堂活动，提高学习效果。

三、教师评估与发展

（一）教师评估的目的

教师评估是为了评估教师的教学水平和教学效果，了解教师在教学中的表现。通过评估可以发现教师在教学中存在的问题，为教师的教学发展提供指导。

促进教学质量提升。通过教师评估，可以了解教师在教学中的表现和教学效果，发现教学中存在的问题。教师在评估结果的基础上，可以针对自身的教学进行反思和改进，提高教学质量和水平。教师教学质量的提升，会直接影响到学生的学习效果和学习体验。

支持教师教学发展。教师评估不仅是对教师的一种检验，更是对教师教学发展的一种支持。通过评估结果，学校可以针对教师的教学需求和发展方向提供相应的培训和支持。例如，学校可以组织教师进行教学方法和教学策略的培训，帮助教师更好地应对教学挑战。

促进教师专业成长。教师评估是教师专业成长的重要途径之一。通过评估，教师可以了解自己在教学中的优势和不足，改进自己的教学风格和教学方法。教师可以通过专业发展计划，不断完善自己的教学理念，提高自己的教学能力和教学水平。

促进教师之间的交流与合作。教师评估会促进教师之间的交流与合作。教师可以通过评估结果互相学习，分享教学心得和经验。教师之间的交流与合作，有助于促进教学经验的共享，提高整体教学水平。

提升教师职业满意度。通过教师评估，教师可以了解自己在教学中的表现，增强对教学的自信心。同时，评估结果可以为教师提供正面的反馈和肯定，增强教师的职业满意度和幸福感。

法学专业教师评估的目的在于提高教学质量，支持教师教学发展，促进教师专业成长，增强教师职业满意度，并促进教师之间的交流与合作。评估结果应当客观公正，为教师提供真实可靠的反馈信息，帮助教师不断完善自己，提高教学水平。

（二）教师评估方法

1.同行评价

同行评价是一种教师评估方法，通过邀请其他专业教师或教育专家对教师的教学进行评价和反馈。同行评价的评估者应具有相同或相关领域的专业知识和教学经验，能够客观地评估教师的教学能力和教学水平。同行评价通常以教学观察、教学交流和教学资料审核等方式进行。

例如，一位法学专业教师邀请其他法学领域的教师对自己的教学进行评价。评估者通过观察教师的课堂教学，审核教学设计和教学材料，与教师进行教学交流，提供专业性的意见和建议。评估结果有助于教师发现自身的教学优势和不足，进而提高教学质量。

2.学生评价

学生评价是教师评估的重要方式之一，通过征求学生对教师的看法，了解教师在教学过程中的表现。学生评价可以通过匿名问卷调查、讨论小组、焦点小组访谈等方式进行。

例如，一门法学专业课程结束后，教师可以向学生发放匿名问卷，询问学生对教学内容、教学方法、教师教学风格等方面的看法。学生可以提供真实的意见和建议，帮助教师了解学生的学习需求和反馈，进而调整教学策略，提高教学效果。

3.教学自我评价

教学自我评价是教师对自己教学进行反思和总结的过程。通过自我评价，教师可以发现自己的教学优势和不足，制订教学改进计划，提高教学水平。教学自我评价可以通过教师自己的教学日志、教学反思记录等方式进行。

例如，一位法学专业教师每周都会对自己的课堂教学进行记录和反思，记录学生表现，分析教学效果和问题所在，并设定下一步的教学目标。通过自我评价，教师不断地完善自己的教学方法，提高教学效果。

教师评估方法包括同行评价、学生评价和教学自我评价等多种方式，这些方法可以相互协调和补充，帮助教师全面评估自己的教学水平和教学效果，从而不断改进教学，提高教学质量。

第二节　学生学习成果评价与反馈机制

一、期中与期末考试

期中与期末考试是常用的学生学习成果评价方式之一。通过这两次考试，可以评估学生对课程知识的掌握程度。期中考试通常安排在学期的中间阶段，用于检验学生对前半学期内容的学习情况。期末考试则安排在学期末，考查学生对整个课程的掌握情况。考试形式可以是选择题、填空题、解答题等，以全面评估学生的学业水平。

（一）期中与期末考试成果评价的优势

1. 全面评估学生学习成果

期中考试和期末考试涵盖了学期内的教学内容，能够全面评估学生对课程知识的掌握程度。期中考试主要评估前半学期的学习成果，期末考试则评估整个学期的学习成果，两者结合起来可以形成相对完整的学生学习表现评价。

2. 提供及时反馈

期中考试的安排在学期的中间阶段，可以及时向教师反馈学生的学习情况。学生可以通过期中考试成绩了解自己的学习进展，及时调整学习策略；教师可以通过期中考试的成绩发现学生在学习中存在的问题，及时进行教学调整，帮助学生提高学习效果。

3. 动态监测学生学习进程

期中考试和期末考试的设置使得学校和教师能够动态监测学生的学习进程。通过考试成绩的变化，可以了解学生的学习状态，及时发现学生在学习中存在的问题并进行干预。

4. 激励学生学习

期末考试作为学期结束的大考，可以激励学生在学期末取得好成绩。期末考试成绩会对学生的学期总评成绩产生重要影响，这能促使学生在学期末付出更多努力，提高学习积极性。

（二）期中与期末考试成果评价的不足

1. 学习动机问题

由于期中考试和期末考试成绩对学生的学期总评成绩有重要影响，可能导致一些学生过分追求分数，而忽视了真正的学习目标。一些学生可能在考试期间采取应试技巧，而不是深入理解和掌握知识。

2. 学习焦虑问题

期中和期末考试作为重要的学习评价方式，可能给学生带来较大的学习压力和焦虑感。一些学生可能会出现考试紧张、失眠等问题，进而影响学习效果。

3. 评价维度单一

考试主要以笔试为主，对学生实践能力、创新能力等综合素质的评价较为有限。在法学专业教学中，实践能力和创新能力对学生的发展同样重要，但这些能力难以通过传统考试方式得以全面评估。

4. 教学内容受限

考试形式的限制，可能导致教学内容过于固定，难以涵盖更广泛的知识和实践领域。

（三）期中与期末考试成果评价的措施

为了弥补期中与期末考试的不足，可以采取以下措施：

1. 引入多元评价方式

结合期中和期末考试，可以引入多元化的评价方式，包括课堂讨论、小组项目、实践报告等，来全面评估学生的学习成果和综合素质。

2.建立学生成长档案

建立学生成长档案，记录学生在学习过程中的成长轨迹和学习表现，包括学习笔记、课程作业、参与课外活动等，从而更全面地了解学生的学习和能力发展情况。学生成长档案可以为学生学习成果评价提供更多的依据，同时可以激励学生在学期内持续努力。

3.引入开放式题目

在期中和期末考试中，可以适量引入开放式题目，让学生展现出更深入的思考和分析能力。这样的题目可以更好地评估学生的理解能力和应用能力，拓展学生学习的深度和广度。

4.促进自主学习

鼓励学生在学期内进行自主学习，开设自主选题和研究课题，让学生在感兴趣的领域深入探索和学习。同时，教师可以提供个性化学习指导和反馈，帮助学生在学习中不断进步。

5.综合评价学习成果

将期中和期末考试成绩与平时表现、课堂参与、作业成绩等综合考虑，形成学生学习成果的综合评价。综合评价可以更全面地了解学生的学习情况，避免过分依赖考试成绩作为唯一的评价标准。

6.建立学生反馈机制

建立学生反馈机制，定期征求学生对教学的意见和建议。学生的反馈可以帮助教师了解教学的优势和不足，及时调整教学策略，提高教学质量。

通过引入多元化的评价方式、建立学生成长档案、促进自主学习和综合评价学习成果，可以更全面地评估学生的学习和能力发展情况，为学生的学习提供更有效的反馈和支持。同时，建立学生反馈机制，积极倾听学生的声音，是提高教学质量和满足学生学习需求的重要途径。这样的评价与反馈机制将有助于推动教学的不断优化和提高法学专业教学的整体质量。

二、作业与论文评估

作业和论文评估是学生学习成果的重要组成部分。教师可以布置各种类型的作业，如案例分析、实践报告、小组讨论等，用于评估学生的综合能力和独立思考能力。此外，论文评估也是一种常用的学生学习成果评价方式，通过论文撰写，学生需要深入研究某一特定法律问题，展现其学术研究和表达能力。

（一）作业评估

作业评估是对学生学习成果的重要评估方式之一。通过布置各类作业，教师可以考查学生的综合运用能力、独立思考能力和解决问题的能力。作业的类型可以多样化，如案例分析、实践报告、小组讨论、实验项目等，每种作业形式都可以针对不同的学习目标和能力要求。

1. 案例分析

在法学专业教学中，案例分析是一种常见的作业形式。教师可以提供真实或虚构的法律案例，要求学生进行分析。通过案例分析，学生需要运用所学的法律理论和知识，将理论与实践相结合，分析案件涉及的法律问题，并提出合理的解决方案。这样的作业可以考查学生的分析能力、推理能力和判断能力。

例如，教师布置了一个刑法课程案例作业：分析某宗刑事案件中的事实情节、证据链条和涉及的法律条文，然后要求学生根据刑法的相关规定判断该案件当事人是否构成犯罪，并解释判断的依据。学生通过仔细阅读案件材料、查找相关法律规定并进行推理分析，最终得出自己的结论。

2. 实践报告

实践报告是另一种重要的作业评估形式。在法学专业中，学生通常需要参与模拟法庭辩论、律师实习、法律援助等实践活动。通过撰写实践报告，学生要总结自己在实践中的经验和体会，分析遇到的问题，并提出解决问题的方案。

例如，学生在法律职业伦理课程中参与模拟法庭辩论活动，担任了原告或被告律师角色。教师要求学生根据自己在辩论中的表现和观察到的其他同学的表现，撰写实践报告。学生通过回顾辩论过程、分析自己的优势和不足，并提出改进建议，从而加深其对法律实践和职业伦理的认识。

3. 小组讨论

小组讨论是培养学生合作能力和团队精神的有效方式。在法学专业课程中，教师可以组织学生分成小组，针对特定法律问题进行讨论和交流。学生需要通过讨论，共同分析问题、制定解决方案，并在讨论结束后撰写小组报告。

例如，学生在刑事诉讼法课程中，教师组织了一个小组讨论活动，讨论刑事诉讼中证据收集和呈现的问题。学生根据教师提供的案例和材料，分成小组进行讨论，探讨不同的法律规定和证据类型。最后，各组撰写小组报告，总结讨论的结果和结论。

（二）论文评估

论文评估是对学生学术研究和文字表达能力的考察。通过撰写论文，学生需要深入研究某一特定法律问题，提出独立见解，并运用学术方法进行分析和论证。论文评估是培养学生批判性思维和学术写作能力的重要手段。

1. 独立研究与学术写作

在法学专业课程中，教师可以要求学生撰写学术论文，涉及的主题包括法律理论问题、案例分析、法律政策研究等。学生需要通过查阅大量文献资料，深入研究所选题目，提出自己的独立观点，并用合适的学术方法进行论证。在学术写作的过程中，学生需要注重逻辑清晰、论证充分，同时遵守学术规范和引用标准。

例如，学生在法律伦理学课程中，选择"人工智能在法律领域的伦理挑战"作为论文题目。学生首先收集相关领域的学术文献和法律法规；其次，展开独立研究，分析人工智能在司法决策、隐私保护等方面引发的伦理问题；最后，学生提出对应的伦理原则和应对措施，用学术论证支持自己的观点，并撰写出一篇深度思考的学术论文。

2.实践报告与案例研究

除了学术论文，实践报告和案例研究也是论文评估的常见形式。学生在实践活动中积累了丰富的经验和实际案例，通过撰写实践报告和案例研究，可以分享自己的实践经验，汇总实践中出现的问题，提出改进建议。

例如，学生在法律实习中参与了一起刑事案件的辩护工作。学生根据实际案件的事实情况，撰写了一份案例研究报告。报告中包括对案件的背景介绍、涉及的法律问题、辩护策略和实际效果的评估。通过案例研究，学生反思自己在实习中的表现，总结经验教训，并提出其对刑事辩护工作的改进建议。

三、学生评教与意见收集

学生评教是一种主动收集学生对教学的反馈和评价的机制。学生可以通过匿名的评教表或在线评教系统，对教师的教学进行评价。学生的评教意见可以涉及教学内容、教学方法、教学资源等方面，帮助教师了解学生对教学的满意度和改进意见。

（一）学生评教的重要性

学生评教是教学质量评价中不可或缺的一环，对法学专业教学的改进和提高具有重要意义。通过学生评教，教师可以获得学生的真实反馈，了解学生对教学的满意度和不满意度，以及对教学内容、教学方法、教师表现等方面的意见和建议。学生评教可以帮助教师及时发现自身的不足，从而加以改进，提高教学效果和教学质量。此外，学生评教还有助于增进教师与学生之间的沟通和互动，建立良好的师生关系，为教学创造更加积极的氛围。

学生评教提供多维度反馈。学生评教可以为教师提供来自学生的多维度反馈，涵盖了教学方方面面。学生是教学的直接受众，他们的评价是直接而真实的。教师可以从学生评教中了解学生对教学内容的理解程度，对教学方法的接受程度，以及对教师表现的评价。学生评教可以帮助教师深入了解学生的学习需求和期望，从而有针对性地改进教学策略，提高教学效果。

促进教学质量持续改进。学生评教是教学质量持续改进的重要手段之一。通过定期进行学生评教，教师可以了解自己的教学优势和不足，找出问题所在，并针对问题采取相应的改进措施。例如，如果学生普遍反映某个教学内容难以理解，教师可以调整讲解方式，增加重点讲授内容，帮助学生更好地掌握知识。通过不断改进，教学质量可以不断提高，为学生提供更优质的教学服务。

建立良好的师生关系。学生评教是师生之间建立良好关系的重要途径。教师通过重视学生评教，认真倾听学生的意见和建议，体现出对学生的关心和尊重，增进师生之间的相互理解和信任。学生感受到自己的想法被重视，积极参与评教过程，更加愿意与教师积极合作，共同推进教学的进步。良好的师生关系可以为教学提供积极的氛围，有利于学生的学习和成长。

提高学生学习动力。学生评教的过程可以激发学生的学习动力。当学生意识到他们的评价对教学的改进和提高有直接影响时，他们会更有动力参与课堂学习和积极完成作业。学生会更加重视课堂教学和与教师的互动，积极参与讨论。通过学生评教，学生对自己的学习目标和学业发展有更清晰的认识，从而更加努力地学习，有助于取得更好的学习成果。

促进教学改革和创新。学生评教为教学改革和创新提供了有益的信息。教师可以通过学生评教了解学生对新教学模式和教学方法的接受程度，发现哪些改革措施受到学生欢迎，哪些还需要改进。学生评教可以激发教师的教学创新意识，鼓励教师在教学中尝试新的方法和策略，推动教学不断发展。

总体来说，学生评教对法学专业教学的改进和提高具有重要意义。它可以为教师提供直接的、真实的反馈，帮助教师了解学生的需求和期望，促进教学质量的持续改进。同时，学生评教有助于建立良好的师生关系，提高学生的学习积极性，促进教学改革和创新。因此，学生评教应该得到充分的重视和支持。

（二）学生评教的实施方法

1.匿名评教表

匿名评教表是学生评教的传统形式之一，通常在学期末或课程结束时由教师发放给学生。匿名评价表的设计通常包括多个评价项目，涵盖教学内容、教学方法、教师表现等方面。学生可以通过打分或填写意见的方式对每个项目进行评价。由于匿名评教表不会记录学生的个人信息，学生可以更加放心地表达自己的真实看法。教师收集到的评价表将进行汇总和分析，从而得到学生对教学的整体反馈。

为了增加评价表的有效性，教师可以设计具体的问题，引导学生给出具体和有建设性的答案。例如，针对某个教学案例的理解程度，或者鼓励学生提供教学改进的建议。通过更具体的问题，教师可以获得更有针对性的反馈，帮助教师深入了解学生对教学的意见和需求。

2.在线评教系统

随着信息技术的进步，许多学校和教育机构已经引入了在线评教系统。在线评教系统使评教过程更加便捷和高效，学生可以在任何时间和地点通过学校的在线平台或教学管理系统进行评教。在线评价系统通常提供了更多元化的评价方式，学生可以通过文字、图片、视频等形式表达自己的意见和建议。这样可以激发学生更加积极地参与评教，使评教结果更加全面和真实。

另外，在线评教系统还具有实时性的优势。教师可以即时查看学生的评价，了解学生对课堂的感受和反应。如果是在教学过程中出现了问题，教师可以及时做出整改，改进教学方法，提高教学质量。同时，教师可以对多个学期的评教结果进行比较和分析，从而发现教学的长期趋势和变化。

（三）学生评教的实施步骤

1.提前宣传

在进行学生评教之前，教师应该提前宣传学生评教的重要性和目的。教师可以在课堂上宣讲，向学生解释学生评教的意义和作用，鼓励学生积极参与评教。同时，教师可以强调评教的匿名性，让学生放心地表达自己的意见。

首先，教师可以在课堂上或课程开展初期，向学生解释学生评教的目的。教师可以明确指出，学生评教旨在了解学生对教学的真实反馈和意见，帮助教师及时发现教学中存在的问题，以便进行改进和提高教学质量。通过学生评教，教师可以获取宝贵的学生反馈，促进教学发展。

其次，教师可以强调学生评教的匿名性，鼓励学生坦诚地表达自己的意见。学生评教通常是匿名的，学生的个人信息不会被记录，这样可以保护学生的隐私。教师应当强调，学生的每一个意见对教师的教学都有着重要影响，无论是正面评价还是批评建议，都是为了共同提高教学质量而存在的。

最后，教师可以通过实际案例向学生展示学生评教的效果。分享之前教师根据学生评教结果进行的教学改进措施，让学生看到他们的评价或建议确实被教师采纳，并且对教学产生了积极影响。这样可以增强学生对学生评教的信心和参与意愿。

例如，某法学课程教师在学生评教中收到一些学生对教学内容的建议，认为部分内容可以更紧密地与实际案例相结合，增加实效性。根据这些建议，教师在后续的课程中增加了案例分析环节，让学生通过实际案例来运用理论知识。学生对这一改进措施反馈很积极，认为课程设置更加实用，对法学实践的理解也更加深入。

提前宣传学生评教的重要性对激发学生的参与热情和提高评教的有效性至关重要。通过充分认识学生评教的意义和目的，学生将更加积极地参与评教，教师也能够更好地了解学生的需求和反馈，进一步改进教学并提高教学质量。

2.设计评教内容

教师在设计评教内容时，应该全面涵盖教学方面的问题。评价内容可以包括课程设置是否合理，教学内容是否丰富和实用，教学方法是否多样和有效，教师是否能够及时回答学生问题等方面。此外，评教内容还可以设置开放性问题，让学生有机会提出自己的建议和意见。

教学目标与课程设置。学生可以评价教师在课程开始时是否清晰地介绍教学目标，并且课程设置是否与教学目标相符合。学生可以回答是否理解课程的学习目标，是否认为这些目标对他们的学习有帮助，是否期待在课程中学到的内容与自己的预期相一致。

教学内容的丰富性和实用性。学生可以评价教学内容的广度和深度，是否能够覆盖课程所应涵盖的知识点，并且是否与实际应用相关联。学生可以回答课程中是否有足够的案例、实例、法律条文等来支持教学内容，是否学到了可以实际运用的技能。

教学方法的多样性和有效性。学生可以评价教师在教学中采用的不同教学方法，如讲授、讨论、案例分析、小组活动等。学生可以回答是否喜欢教师采用的教学方法，是否能够促进学习兴趣和参与度，是否觉得这些方法对学习效果有积极的影响。

与学生互动与反馈。学生可以评价教师在课堂上是否积极与学生互动，是否鼓励学生参与讨论。学生可以回答教师是否能够及时回答学生的问题，是否乐意与学生进行沟通和交流，以及是否对学生的反馈和意见给予重视。

教师的教学风格和态度。学生可以评价教师在课堂上的教学风格，如严肃、幽默、活泼等。学生可以回答是否喜欢教师的教学风格，是否觉得教师在教学中体现出对学生的关心和尊重。

学习环境和资源。学生可以评价学习环境是否适合学习法学专业，例如是否有足够的教室设施和学习资源等。学生可以回答是否满意学校提供的学习资源，是否觉得学习环境对学业发展有帮助。

开放性问题。除了以上具体问题，教师还可以设置一些开放性问题，让学生有机会提出自己的建议和意见。例如，学生针对课程的改进有什么建议，对教学方法有什么期望，以及对教师在教学中的某些方面有什么看法。

设计评价内容时，要确保问题简明扼要，涵盖关键方面，以便学生能够在评价时准确表达自己的看法。同时，教师可以使用定量评价和定性评价相结合的方式，既可以统计得到一些具体数据，又可以了解学生的真实感受和意见。最终，教师可以通过评教结果发现问题，进一步提升教学质量。

3.收集和分析评教结果

完成学生评教后，教师应该及时收集和整理评教结果。针对学生的反馈意见，教师要进行认真的分析和反思。教师应该重视学生的建议，看到自身的不足，并且采取积极的措施改进教学。同时，教师可以选择在下一学期对改进后的教学效果进行再次评估，以查看教学是否取得了进步。

整理评教数据。将学生评教表或在线评教系统收集到的数据进行整理，确保所有反馈内容都被纳入考虑。可以使用 Excel 等工具对数据进行整理和统计，以便后续分析。

统计结果。对收集到的数据进行统计，包括学生的评分分布、意见反馈的频次等。通过统计可以了解学生对教学的整体评价，以及存在的问题。

分析评教结果。根据统计结果和学生的反馈意见，进行深入分析。识别出教学中存在的问题，如教学内容是否能够引起学生的兴趣，教学方法是否能够有效帮助学生学习等。

反思与改进。在分析评教结果的基础上，教师应该对自己的教学进行反思，并认真对待学生提出的建议和意见。积极思考如何改进教学，以提高教学质量和教学效果。

制订改进计划。基于评教结果和反思，制订具体的改进计划。明确改进的重点和目标，制立可行的措施和方法，以便在下一次教学中加以实施。

再次评估。在下一学期或下一次教学中，可以选择对改进后的教学效果进行再次评估。这有助于教师了解改进措施的有效性，以及了解教学是否取得了进步。

通过收集和分析学生评教结果，教师可以更加客观地了解自己的教学情况，发现问题，并采取相应的措施改进教学。这种持续的评估与改进机制有助于教师不断提升教学水平，提高学生的学习满意度和学习成果。同时，对学校管理层来说，可以根据评教结果对教师进行评估和指导，促进教学质量的全面提升。

（四）学生评教的实施效果

学生评教是一种双向互动的过程，对教师和学生都有积极的影响。对教师来说，学生评教可以帮助他们了解自己的教学效果，发现不足并加以改进，提高教学质量。对学生来说，学生评教可以增加他们对课程的参与度和主动性，促进他们更加积极地学习。另外，学生评教还有助于增进师生之间的相互理解和信任，建立良好的师生关系。因此，学生评教是一种有效的评估教学效果和改进教学的机制，对法学专业教学具有重要意义。

提高教学质量。通过学生评教，教师可以获得学生的真实反馈和意见，了解学生对教学内容、教学方法和教师表现的满意度和不满意度。教师可以根据学生的评价结果进行反思和改进，针对学生的需求和反馈，优化教学计划和教学方法，从而提高教学质量。

激发教学热情。学生的积极评价和鼓励对教师具有激励作用。当教师看到学生对自己的教学表示肯定和认可时，会更加激发教学热情，积极投入教学工作中，提高教学的积极性和主动性。

加强教师与学生的沟通。学生评教是教师与学生之间的双向交流和沟通的重要渠道。通过学生评教，教师可以更好地了解学生的需求和期望，帮助教师更好地调整教学策略，更好地满足学生的学习需求。

建立良好的师生关系。学生评教有助于增进师生之间的相互理解和信任，建立良好的师生关系。学生可以感受到教师真心关心和关注他们的学习，教师能够更好地看到学生的学习状况，从而建立积极向上的学习氛围。

促进学生参与和反馈。学生评教鼓励学生参与教学过程，并为学生提供一个表达意见和建议的平台。学生的参与和反馈对教学质量的提升至关重要，教师能够通过学生的反馈更好地了解课程的有效性，从而调整和改进教学内容和方法。

总体而言，学生评教是法学专业教学中一种有效的评估和改进教学的机制，它可以提高教学质量，激发教师的教学热情，加强教师与学生的沟通，建立良好的师生关系，促进学生参与和反馈。通过学生评教的实施，法学专业的教学质量和效果将得到持续的提升。

第三节　质量保障体系建设与持续改进

一、课程质量评估体系建设

（一）教学目标明确与量化评估

在法学专业课程质量评估体系建设中，教学目标的明确与量化评估是至关重要的一步。教学目标是指课程设计者和教师所希望学生在学习该门课程后所达到的预期结果。这些目标应该具体、明确，并且与法学专业的培养目标相一致。明确的教学目标有助于指导教师的教学活动，帮助学生明确学习方向，同时可以为课程的评估提供基础。

在设定教学目标时，需要考虑课程的内容、深度和广度，教学周期，学生的学科基础等因素。例如，对一门法学导论课程，教学目标包括学生了解法学的基本概念、学习法学研究方法、培养其对法律问题的基本分析能力等。

除了明确教学目标，将其量化为具体的学习目标和评估指标也是必要的。量化的学习目标和评估指标可以使评估过程更加客观和科学。例如，学习目标可以量化为学生在课程结束时应达到的知识水平、技能水平和态度水平，而评估指标可以是学生的考试成绩、作业成绩、课堂参与度等。

（二）多维度评估方法的应用

为了全面了解教学质量，课程质量评估应该采用多维度的评估方法。单一的评估方法可能无法全面体现出教学的优势和不足，因此，综合考查教学的各个方面是必要的。常见的多维度评估方法包括以下几个方面：

1.作业评估

作业评估是一种常见的多维度评估方法，在法学专业课程中广泛应用。通过布置各类作业，如论文、案例分析、实践报告等，教师可以评估学生的学术研究和实践能力。作业评估不仅可以考查学生对课程知识的掌握情况，还可以培养学生的综合能力和独立思考能力。作业内容可以根据课程目标和学科特点进行选择。

论文写作。教师可以布置论文作业，要求学生深入研究某一法学领域的专题，展示学术研究能力和论述能力。例如，在法律伦理学课程中，学生可以撰写一篇伦理问题案例分析论文，分析其中的法律伦理问题并提出合理的解决方案。

案例分析。教师可以提供实际法律案例，要求学生进行分析和讨论。通过案例分析，学生可以运用法律理论知识解决实际问题，培养实践能力。例如，在商法课程中，学生可以分析一起商业合同纠纷案例，探讨当事人的权利义务。

实践报告。教师可以引导学生参与社会实践或模拟实践活动，要求学生撰写实践报告。实践报告可以帮助学生将理论与实际相结合，增进对法律实践的理解和认识。例如，在刑事诉讼法课程中，学生可以参与法庭观摩并撰写庭审实践报告，描述庭审过程、辩论情况和判决结果。

通过作业评估，教师可以深入了解学生的学习情况和学术成果，为学生提供个性化的学习指导和反馈。同时，学生通过完成作业，可以加深对所学知识的理解和应用，提高学习成果。

2. 学生评价

学生评价是另一种重要的多维度评估方法，可以征求学生对课程的看法和评价，了解他们对教学内容、教学方法和教师教学水平的满意度。学生评价是一种学生参与教学质量评估的方式，有助于增强学生的主动性和参与度。学生评价可以通过多种途径进行，包括匿名评价表、讨论小组、焦点小组访谈等。

在法学专业中，学生评价可以涵盖以下方面：

教学内容。学生可以对课程内容的设置和安排进行评价，了解是否符合实际需求，是否具有针对性和前瞻性。

教学方法。学生可以评估教师的教学方法是否多样化、灵活性如何，是否能激发学生学习的兴趣和积极性。

教学资源。学生可以对教材及教辅材料的使用和教学设备设施的完备程度进行评价，了解教学资源是否充足和质量如何。

教师教学水平。学生可以对教师的教学水平进行评价，包括教学态度、教学风格、教学能力等方面，了解教师在教学过程中的表现。

学生评价的优势在于其直接反映了学生对教学的实际感受和体验，具有客观性和针对性。学生是课程的主要受众，他们的反馈对教学质量的改进至关重要。通过学生评价，教师可以了解学生的需求和期望，更好地调整教学策略，提高教学质量。同时，学生评价可以增进师生之间的沟通和信任，建立良好的师生关系，营造积极的学习氛围。

3. 教学观察

教学观察是一种直接观察教学过程并记录的评估方法，通过教学观察可以客观地评估教师的教学方式、教学内容和学生反映。教学观察可以由专门的教学观察员进行，也可以由同行教师或教学专家来进行。在法学专业中，教学观察可以包括以下方面：

教学内容。观察教学内容是否贴近法学实际应用，是否与学生的学科背景和兴趣相契合。

教学方法。观察教师的授课方式和教学手段，是否能够激发学生的学习兴趣和主动性。

教学反应。观察学生在课堂上的学习表现和反映，包括学生的注意力集中情况、课堂互动等。

教学观察可以提供更加客观的评估结果，有助于发现教学中存在的问题。教学观察员可以从第三方的角度来评估教学，减少主观因素的影响，为教师的教学改进提供客观的依据。

4. 教师自评

教师自评是一种自我反思和自我评估的评估方法，教师通过自我评价，反思和总结自己的教学过程，发现自身的不足。教师可以根据课程目标和教学计划，对自己的教学效果进行评估，并制定改进目标和措施。在法学专业中，教师可以从以下方面对自己的教学进行自评：

教学目标。教师可以评估自己制定的教学目标是否明确和实际可行，是否符合学生的学习需求。

教学方法。教师可以评估自己在教学中所使用的教学方法是否有效，是否能够引导学生积极参与。

教学效果。教师可以根据学生的学习成绩、学习态度等方面来评估自己的教学效果。

教师自评是一种积极主动的评估方式，有助于教师深入了解自己的教学实践，找到问题并积极解决。同时，教师自评可以增强教师的教学自信心，促进教学水平的不断提高。

（三）数据分析与持续改进

建立完善的课程质量评估体系后，数据收集和分析是评估的关键步骤。通过收集来自不同评估方法的数据，如学生学习成绩、学生评教反馈、教学观察记录等，可以获得全面的教学质量信息。数据分析的过程可以采用统计分析、图表展示等方法，以便更好地理解和解释评估结果。

1. 数据收集与整合

教师和教学管理者可以定期收集来自不同评估方法的数据。例如，期中和期末考试成绩可以用于评估学生对课程知识的掌握情况，学生评教可以了解学生对教学的满意度，教学观察可以提供客观的教学过程数据。同时，可以结合作业评估和课堂测验等方式收集更多的学习数据。将这些数据进行整合，可以形成更加全面和准确的评估结果。

2. 数据分析与解释

在数据收集完成后，需要进行数据分析，以便深入理解评估结果。数据分析可以采用定量分析和定性分析相结合的方式。例如，可以使用统计方法对考试成绩进行平均值、标准差等统计计算，了解学生整体的学习表现。同时，对学生评教的开放性问题进行内容分析，了解学生对教学的具体意见和建议。通过数据分析，可以发现教学中存在的问题，为持续改进教学提供依据。

3. 持续改进

持续改进是课程质量评估体系的核心目标之一。数据分析的结果可以帮助教师和教学管理者了解教学的优势和不足，明确改进的方向。教师应该根据评估结果，积极调整教学策略和教学方法，改进教学设计，以提高教学质量。例如，如果评估结果显示学生在某一部分知识点掌握不牢固，教师可以增加相关的教学资源和练习活动，帮助学生加强学习。如果学生对教学方法提出建议，教师就可以考虑调整教学方式，提高教学的互动性和趣味性。

持续改进需要教师和教学管理者的共同努力。教师应该在教学过程中不断反思和总结，积极寻找改进的空间。教学管理者应该为教师提供支持和帮助，营造良好的教学发展氛围。此外，持续改进也需要不断收集学生的反馈，倾听学生的声音，让学生参与到教学改进中来。

通过多维度的数据收集，教师可以全面了解教学质量的情况，包括学生学习成绩、学生评教反馈、教学观察记录等。数据分析可以为教师和教学管理者提供深入理解评估结果的途径，发现问题和改进的方向。持续改进是评估的核心目标，教师通过不断调整教学策略和方法，加强个性化辅导，利用信息技术手段等，为学生提供更好的教学体验。持续改进需要教师的积极参与和学生的主动反馈，也需要教学管理者的支持和促进。通过共同努力，课程质量评估体系将不断完善和发展，为法学专业教学质量的提高提供有力支持。

二、教学改进与优质资源建设

（一）不断优化教学方法

教学改进是一个持续不断的过程。教师应该积极探索和应用先进的教学方法与教育技术，提高教学效果。例如，可以采用互动式教学、案例教学、小组讨论等教学方法，激发学生的学习兴趣和主动性，提高教学效果。

1.探索先进教学方法的重要性

针对当代学生的学习需求。当代学生生长在信息快速传播的时代，他们更加习惯于快速获取信息和进行交流。因此，传统的教学方法可能无法完全满足他们的学习需求。教师应积极探索和应用先进教学方法与教育技术，以适应当代学生的学习习惯和学习方式，提高教学效果。

增强教学吸引力和有效性。通过采用先进的教学方法，教师可以增加教学的吸引力和有效性。例如，使用多媒体教学工具、互动式教学平台等，可以激发学生的学习兴趣，增强学习效果。

2.培养学生的主动学习意识

启发式教学方法。教师可以采用启发式教学方法，鼓励学生主动思考和解决问题。通过提出问题、引导讨论、激发学生思辨能力，培养学生主动学习的意识和习惯。

案例教学。案例教学是一种实践性强的教学方法，通过真实案例的分析和讨论，让学生在实践中学习法律知识。这种教学方法可以激发学生的学习热情，提高学习的实用性和可操作性。

3.个性化定制教学方法

灵活运用多种教学方法。教师应灵活运用多种教学方法，如讲座、讨论、小组活动、实践项目等，以满足不同学生的学习需求。通过灵活的教学组织形式，教师可以更好地吸引学生参与，提高教学效果。

激发学生参与积极性。在个性化定制教学中，教师应充分尊重学生的学习兴趣和学习风格，鼓励学生参与教学，提出自己的观点和问题。通过积极参与，学生能够更深入地理解法学知识，增强学习的自觉性和主动性。

通过不断优化教学方法，探索先进教学方式，培养学生的主动学习意识，可以提高法学专业课程的教学质量和学习效果。教师的努力将激发学生的学习兴趣和学习动力，培养学生的自主学习能力和创新精神，可以为法学专业学生的未来发展奠定坚实基础。

（二）丰富教学资源

为了提供优质的教学资源，学校和教师可以合理规划课程内容，增加教学资源的多样性和丰富性。例如，可以引入优秀教材、案例、实践项目等，使学生在学习过程中能够接触到更广泛、更实际的法学知识。

1. 规划多样化课程内容

整合传统知识与新兴领域。在法学专业课程中，教师可以整合传统法学知识与新兴领域的研究成果，如互联网法、数字经济法等。这样的整合能够使课程内容更加丰富和更具前瞻性，培养学生对当代法律问题的认识和解决能力。

融合基础理论与实践案例。教学过程中，教师可以将基础理论与实践案例相结合，让学生在学习法律理论的同时，通过案例分析了解法律条文在实际中的适用范围。这种融合能够增强学生对法律实践的兴趣和理解，提高学习的积极性和主动性。

2. 引入优秀教材与案例

选择优秀教材。教师可以选择优秀教材，为学生提供高质量的学习资源。这些教材通常由知名学者或专业机构编写，具有系统性和权威性，能够帮助学生全面学习法学知识。

分析真实实践案例。除了教材，教师还可以引入真实的实践案例，让学生通过案例分析和讨论，深入了解法律在现实中的适用范围和解决问题的方法。这种案例教学可以培养学生分析和解决问题的能力，增强实践能力。

3. 拓展实践项目与校外资源

开展实践项目。学校可以积极与企业、律师事务所、法院等合作，开展实践项目。通过参与实践项目，学生可以将所学的法学理论运用到实际中，增强实践能力和创新精神。

建立校外资源共享机制。学校可以建立校外资源共享机制，与校外机构合作，共享优质的教学资源。这包括与律师事务所合作，为学生提供实习机会，与研究机构合作，为学生提供研究项目等。通过校外资源的共享，学生可以接触到更多专业领域的资源和实践经验，拓展知识面。

通过规划多样化课程内容，引入优秀教材与案例，以及拓展实践项目与校外资源，法学专业课程的教学资源得到有效丰富。学生在丰富的学习资源中，能够获得更广泛、更实际的法学知识，培养实践能力与创新意识，为未来的法学工作做好充分准备。同时，教师的教学水平可以得到进一步提高，推动法学教育不断发展。

（三）建设教学团队

教学团队的建设是教学质量保障的重要环节。学校可以组建专业的教学团队，包括教授、副教授、讲师等教学骨干，共同参与教学内容的设计和教学改进。教学团队可以相互交流教学经验，共同研讨教学方法，共享教学资源，形成合力，提高教学质量。

1.教学团队的重要性

增强教学质量保障。教学团队由教授、副教授、讲师等教学骨干组成，他们具有丰富的专业知识和教学经验，能够提供高水平的教学服务。

多元化教学观点。教学团队成员来自不同的教育背景和研究领域，拥有不同的教学观点和教学风格。这种多元化能够丰富教学内容，满足不同学生的学习需求。

共同参与教学改进。教学团队成员共同参与教学内容的设计和教学改进，可以相互借鉴教学成功案例和总结教学失败教训，共同探讨教学问题和教学难点，提高教学质量。

2.教学团队合作交流

建立交流平台。学校应建立教学团队的交流平台，为教师提供交流和分享的机会。这可以是定期的教学研讨会，也可以是在线教学交流平台，以便教师随时随地分享教学心得和教学资源。

促进教学经验分享。教学团队成员应积极分享自己的教学经验，包括成功的教学案例、有效的教学方法等。这将促进教学团队之间的相互学习和借鉴，提高整个团队的教学水平。

探讨教学问题。教学团队的成员可以共同探讨教学中遇到的问题，并共同寻找解决方案。通过合作交流，可以共同提高教学质量，提高教学效果。

3.教学团队共享资源

建立资源共享机制。学校应建立教学资源共享机制，包括教案、课件、教学视频等。这些教学资源可以由教师自愿上传，供其他教学团队成员参考和借鉴，形成集体智慧，提高教学效果。

促进教学研究合作。教学团队成员可以共同参与教学研究项目，开展教学实践，共同研究教学问题和教学改进方案。这样的合作研究可以促进教学团队之间的资源共享和教学经验交流。

优化学生学习体验。通过教学团队的资源共享，学生可以接触到更多的教学内容和教学方法，拓展学习内容的多样性和广度，优化学生的学习体验和学习效果。

通过不断优化教学方法，丰富教学资源，建设教学团队，学校和教师能够共同提高法学专业课程的教学质量，培养具有扎实法律知识和综合素质的优秀法学人才，为社会培养更多具有责任感和创新精神的法律专业人才。

第五章　高校法学专业实践教学与校外实习

第一节　实践教学的重要性与形式

一、模拟法庭与模拟法律事务所

（一）模拟法庭的意义与作用

1.提高学生的实践能力

模拟法庭活动是将学生置于真实法庭的环境中，让他们扮演如法官、律师、被告等角色，进行案件审理和辩论。这种实践性质的学习能够提高学生的实践能力，让他们在模拟的法庭场景中运用所学的法律知识解决实际问题。

在模拟法庭中，学生需要进行案件分析、证据收集、辩论和判决等活动，这些过程都要求学生主动参与，并通过与其他学生的交流和辩论，不断完善自己的理论知识和提高实践能力。

模拟法庭活动能够提高学生的应变能力和解决问题的能力。在模拟法庭的过程中，学生可能会遇到各种情况，需要灵活应对，并做出合理的决策。这样的实践训练有助于培养学生的应变能力和解决问题的能力。

2.培养学生的辩论技巧

辩论是模拟法庭活动的重要组成部分，学生需要在辩论中从不同角度陈述观点，并运用合理的论据和证据支持自己的主张。这样的辩论训练有助于培养学生的辩论技巧，提高他们的逻辑思维能力和口头表达能力。

在模拟法庭的辩论中，学生需要学会倾听和尊重他人的意见，并对不同观点进行合理的辩驳。这样的辩论训练能够培养学生的思辨能力和批判性思维，让他们能够理性分析问题，做出明智的决策。

辩论活动能够增强学生的自信心和自信心。在模拟法庭的辩论中，学生需要在公众面前陈述自己的观点，并面对其他学生的质疑。这样的经历可以让学生克服紧张和胆怯情绪，增强他们的自信心和自信心。

3.培养团队合作精神

模拟法庭通常需要学生组成小组进行角色扮演和案件辩论。在小组中，学生需要相互配合，共同协作，完成模拟法庭的辩论。这样的合作形式能够培养学生的团队合作精神，让他们学会团结协作，共同完成任务。

在模拟法庭的过程中，学生需要分工合作，互相支持，在团队中发挥各自的优势，共同取得好的成绩。这样的团队合作训练有助于培养学生的沟通能力和协调能力，让他们能够学会与他人和谐相处，并在集体中发挥自己的作用。

模拟法庭活动中的团队合作能够培养学生的领导能力和组织能力。在小组中，学生需要根据各自的角色和任务，分配工作、制订计划，并协调团队成员的工作进度，确保模拟法庭活动的顺利进行。这样的经历让学生学会领导团队，培养组织和管理团队的能力。

团队合作的培养有助于学生学会如何妥善处理团队内部的问题。在模拟法庭活动中，团队成员可能因意见不一或角色冲突而产生摩擦，学生需要学会沟通并解决问题，保持团队的稳定性和凝聚力。

模拟法庭的团队合作可以为学生提供与同伴交流的平台，增进彼此之间的友谊与合作。这样的合作体验有助于打破学术上的孤立局面，让学生感受到彼此之间的支持和鼓励，促进共同成长。

通过模拟法庭，学生可以提高实践能力，锻炼辩论技巧，培养团队合作精神。这种实践性的学习不仅使学生更深入地了解法律实践，而且为他们未来从事法律职业打下坚实的基础。同时，模拟法庭可以为学生提供一种积极的学习方式，让他们在活动中充分发挥自己的主动性和创造性。因此，学校和教师应重视模拟法庭的教学设计与实施，为学生提供更多的实践机会，推动法学专业课程的整合与创新，不断提升教学质量，培养具有国际视野和创新精神的优秀法学人才。

（二）模拟法律事务所的实践体验

1.接触实际法律业务

合同起草实践。在模拟法律事务所中，学生可以接触到合同起草的实际业务。他们可能需要根据客户需求和交易内容，撰写各类合同，如买卖合同、租赁合同、劳动合同等。学生需要了解合同的法律要素、格式和常规条款，并根据具体情况进行合理的条款安排。通过这样的实践，学生可以掌握合同起草的技巧和要点，提高逻辑思维和书面表达能力。

例如，学生在模拟法律事务所中接受一位客户委托，为其撰写一份销售合同。学生需要与客户充分沟通，了解交易细节和双方需求，然后仔细研究相关法律规定，确保合同的合法性和有效性。最终，学生成功完成合同的起草，得到了客户的认可和赞赏。

法律咨询实践。在模拟法律事务所中，学生可以扮演律师的角色，为客户提供法律咨询服务。学生需要倾听客户需求，然后有针对性地提出法律意见和建议。这样的实践可以让学生学会与客户沟通，了解客户需求，有针对性地解决问题，并提高解决问题的能力。

例如，学生在模拟法律事务所中接受一位客户的咨询，客户遇到一起劳动纠纷问题。学生先细心听取客户的陈述，然后查找相关法律法规和判例，对劳动法律问题进行分析和解释，并向客户提出切实可行的解决方案。客户对学生的回复表示满意，并对模拟法律事务所的实践形式赞赏不已。

2.解决实际法律问题

探索多样的法律案例。在模拟法律事务所中，教师可以准备多样的法律案例供学生。这些案例可以来自真实的法律实践，也可以是教师根据实际情况编写的虚拟案例。通过接触多样的案例，学生可以从不同角度审视法律问题，培养综合分析和解决问题的能力。

例如，模拟法律事务所中的一次实践活动涉及一起交通事故责任纠纷。学生需要分析事故责任认定、损害赔偿等相关问题，并针对不同当事人的主张提出相应的法律依据和解决方案。通过多次讨论和模拟庭审，学生可以了解交通事故责任认定的复杂性和解决纠纷的策略。

进行案例分析与讨论。在模拟法律事务所中，学生可以与同伴一起进行案例分析和讨论。通过集思广益，学生可以汇聚各自的观点和见解，共同探讨案件中存在的法律问题和提出可行的解决方案。这样的讨论有助于拓展学生的思维，培养团队合作精神，并在不同的观点和方案中寻找最佳的法律解决方案。

例如，在一次模拟法律事务所的实践中，学生们接触到一起民事合同纠纷案例。案件涉及合同违约和赔偿问题。学生分组讨论，每个小组根据不同的法律依据和实际情况，提出不同的解决方案。有的小组主张以民事诉讼解决，有的小组则认为采取调解协商更为合适。在教师的引导下，学生深入分析各种方案的优劣，最终选择了一种既符合法律规定又能保护当事人利益的解决方式。通过这样的案例讨论，学生不仅提高了解决实际法律问题的能力，也学会了在团队中相互协作，共同寻求最佳解决方案。

3.提高专业素养与实践技能

接触复杂法律案件。在模拟法律事务所中，学生可能会接触到一些复杂的法律案件，涉及多个法律领域和复杂的事实情况。面对这些案件，学生需要展现出专业的素养和解决问题的技能。通过接触这样的案件，学生可以增加自己的专业知识储备，提高对法律问题的综合分析和判断能力。

例如，在一次模拟法律事务所的实践中，学生接触到一起涉及公司并购与合同纠纷的案件。学生需要了解公司法、合同法等多个法律领域的规定，并将其灵活运用于案件处理中。通过分析公司的经营情况、合同的履行情况等方面，学生最终给出了一份全面且合理的解决方案。这样的实践经验可以使学生深入理解不同法律领域之间的联系，增强其对复杂法律案件的应对能力。

模拟法律实践，在模拟法律事务所中，学生不仅可以接触实际法律案件，还可以模拟实际法律实践过程。他们可能需要与客户进行会面，了解案件的细节和当事人的诉求；进行法律研究，查找相关法律法规和判例；起草法律文书，如律师函、法律意见书等。通过这样的模拟实践，学生能够全面了解法律实践的各个环节，提高实际操作能力。

例如，在一次模拟法律事务所的实践中，学生扮演律师角色，接受一位客户的委托，需要代表客户起草一份合同。学生首先与客户进行了充分沟通，了解了交易内容和各方诉求，然后积极查找相关法律条文和先例。最终，学生精心起草了一份严谨且符合法律规定的合同，为客户提供了专业的法律服务。

模拟法庭与模拟法律事务所是法学专业教学中重要的实践形式，它们通过让学生亲身参与法律实践，接触实际法律业务，并解决实际法律问题，提高学生的实践能力、辩论技巧和团队合作精神。同时，模拟法律事务所的实践体验有助于学生提高专业素养和实践技能，增强解决问题的能力，为其未来职业发展做好充分准备。

二、司法实习与法律实训

（一）司法实习的意义与价值

1.实践法律知识与程序

司法实习为学生提供了与实际司法工作接轨的机会，让他们在法院等司法机构亲自体验法官、书记员等职位的工作。在实习中，学生可以将所学的法律知识运用到实际案件的审理中，了解司法实践中的流程和程序。例如，学生可以亲自参与案件调查、举证、辩论等环节，深入了解刑事、民事等各类案件的审理过程和法律逻辑。通过与实际案件接触，学生能够更好地理解法律条文的适用范围，加深对法律实践的认识。

例如，在一次司法实习中，学生被安排到民事庭观摩一起离婚案件的审理。在实习过程中，学生仔细观摩了当事人的陈述、律师的辩论以及法官的提问。通过观摩案件的实际审理过程，学生深刻认识到了法律条文在解决实际纠纷中的重要作用，也体会到了法官在审理案件中严谨和公正的态度。

2.探索法律职业选择

司法实习为学生提供了了解法律职业的平台，帮助他们更好地规划自己的职业生涯。在实习中，学生可以接触不同领域的法律工作，如刑事、民事、行政等，从而了解不同法律职业的要求和特点。通过参与实际工作，学生能够切身感受不同法律职业带来的挑战和乐趣，从而更准确地选择适合自己的法律职业方向。

例如，在一次司法实习中，学生分别跟随刑事法官和民事法官进行实习。在刑事法庭，学生接触到了许多刑事案件，了解了刑事审判的程序和要求。在民事法庭，学生接触到了各种各样的民事纠纷，如合同纠纷、家庭纠纷等，深刻认识到了民事审判的复杂性和多样性。通过这样的实习经历，学生更清楚地了解了不同法律职业的特点，为将来的职业选择提供了有益的参考。

（二）法律实训的效果

1.解决实际法律问题

法律实训是对学生法学知识和实践能力的综合考验。在实训项目中，学生需要面对真实的法律问题，进行调查研究、法律分析和解决方案的提出。通过解决实际法律问题，学生可以将所学理论知识与实际问题相结合，培养实践操作能力。例如，学生在实训中可能需要为客户提供法律咨询，撰写法律文书，参与法律谈判等，这些实际操作有助于学生将理论知识应用于实践中，提高自己的实际工作能力。

例如，在一次法律实训项目中，学生被要求为一家公司提供法律顾问服务。这家公司面临合同纠纷，需要得到专业的法律意见。学生通过对相关法律条文和先例的研究，结合公司的实际情况，提出了详细的解决方案。在实训过程中，学生不仅需要掌握法律知识，还需要有运用分析和判断能力，以及良好的沟通能力，最终为客户提供了有益的法律意见。

2.培养综合素质与团队合作精神

在法律实训中，学生通常需要与同学组成小组合作完成项目。这样的合作形式有助于培养学生的综合素质和团队合作精神。学生之间需要相互配合，共同解决法律问题，分工合作，形成合力。在团队合作中，学生可以互相学习，取长补短，共同进步。

例如，在一次法律实训项目中，学生被分成若干小组，共同解决一起复杂的商业合同纠纷。每个小组成员担任不同角色，有的扮演律师，有的担任调查员，有的负责撰写法律文件。在实训过程中，小组成员共同商讨处理案件的策略，进行案情分析和法律研究，并进行分工合作，最终完成了一份详细的方案，为客户提供了专业的法律建议。

在团队合作中，学生不仅需要运用自己的专业知识，还需要充分发挥团队中每个成员的优势，形成合理的分工和协作机制。通过与同学的合作，学生能够互相学习，共同解决问题，提高自己的综合素质和团队合作精神。

3.接触不同领域的法律实践

法律实训通常涵盖多个不同领域的法律实践，如刑事辩护、民事诉讼、公司法务等。通过参与不同领域的实践，学生可以了解不同领域的法律工作要求和特点，拓宽自己的专业视野。这种综合性的实践经验有助于学生更好地理解法律职业的多样性，为未来的职业发展做好准备。

例如，在一次法律实训中，学生有机会参与一起刑事辩护案件。在实践中，学生需要扮演辩护律师的角色，为被告提供法律援助。通过与被告的面对面交流，学生深入了解了被告的案情和心情，同时面临来自检察官的质询。通过这次实践，学生深刻认识到刑事辩护工作的挑战性和重要性，也了解到了刑事辩护律师的职业特点和职责。

模拟法庭、模拟法律事务所、司法实习以及法律实训等实践教学形式对法学专业学生的发展具有重要的意义和价值。这些实践形式能够提高学生的实践能力、辩论技巧和团队合作精神，让学生接触实际法律业务，解决实际法律问题，培养学生的专业素养与实践技能。通过这些实践教学形式的有效运用，学校可以为法学专业学生提供更加丰富和综合的教育体验，促进他们在法律领域取得更好的发展。同时，学生能在实践中更好地认识自己，明确适合自己的法律职业方向，为未来的职业生涯做好准备。

三、社会实践与公益活动

（一）社会实践的社会意义

1.提升社会认知与了解

社会实践是法学专业学生了解社会状况和社会问题的重要途径。通过参与社会实践活动，学生可以深入社会，近距离接触不同群体和社会现象，了解社会的多样性和复杂性。例如，学生可以走访社区，了解社区居民的法律需求，同时能感受到社区发展的动态变化。这样的实践体验有助于拓宽学生的社会视野，增强对社会的认知。

2.掌握实践技能与提高应用能力

社会实践是将理论知识应用于实际情境的重要途径。在学校学习法学专业知识的基础上，通过社会实践，学生可以将所学的法律理论知识与实践技能相结合。例如，学生可以参与社会调研，了解法律规定在实际生活中的执行情况和效果。在实践中，学生需要分析问题、提出解决方案，从而培养其解决实际问题的能力和实践操作能力。

3.培养社会责任与公民意识

社会实践有助于培养学生的社会责任感和公民意识。作为法学专业的学生，他们将来将成为法律领域的从业者，因此承担着相应的社会责任。通过参与社会实践，学生可以关注社会问题，积极参与公益活动，为社会贡献自己的一分力量。例如，学生可以参与公益法律服务，为弱势群体提供免费法律咨询和援助，让法律公平正义惠及更多人。这样的实践经历有助于培养学生的社会责任感和公民意识，使他们成为有担当的法律人才。

（二）公益活动的社会责任

1.法学专业的社会价值

公益活动是法学专业学生履行社会责任的重要途径。法学专业是服务社会的专业，其核心使命是维护社会公平正义和法治秩序。通过参与公益活动，学生可以将所学的法学知识与实践相结合，为弱势群体提供法律援助，体现法学专业的社会价值。例如，学生可以参与公益法律服务，为贫困家庭、弱势群体提供法律咨询，帮助他们维护合法权益，促进社会公平正义的实现。

2.培养学生的社会责任感

公益活动有助于培养学生的社会责任感。作为法学专业的学生，他们将来将成为法律从业者，其职责不仅是代表当事人维护合法权益，更是为社会公众提供法律服务，促进社会和谐稳定。通过参与公益活动，学生可以亲身感受到自己对他人生活的影响，认识到自己的职业使命和社会责任。这样的体验有助于激发学生的社会责任感，让他们将社会责任融入自己的职业生涯之中。

3.培养学生的公益意识与团队合作精神

公益活动往往需要多方合作，这有助于培养学生的团队合作精神。在公益法律服务过程中，学生可能需要与其他志愿者、律师事务所或公益组织合作，共同为弱势群体提供法律援助。通过这样的合作经历，学生可以学会与他人协商合作、共同解决问题，锻炼团队合作精神和沟通能力。同时，公益活动有助于培养学生的公益意识，让他们认识到作为法学专业学生，除了个人发展，还应当关注社会的公共利益和社会福祉。通过参与公益活动，学生能够体会到自己所学的法学知识和专业技能对社会的重要性，进而激发其对公益事业的热情与投入。

4.提升解决问题的能力

公益活动中，学生需要面对各类法律问题和挑战，需要针对不同情况提供法律建议和解决方案。这种实践锻炼有助于学生提升解决问题的能力。通过与真实案例接触，学生能够发现问题、分析问题并寻求解决之道。这样的实践经历能够培养学生敏锐的问题意识和创新的解决思维，为未来的职业发展打下坚实基础。

5.建立社会联系与树立良好形象

通过参与公益活动，学生能够与社会建立起积极的联系，并与其他志同道合的人士形成良好的合作关系。在公益法律服务中，学生可以与社会各界人士接触，包括公民、律师、社工等，这有助于学生建立广泛的社会网络。同时，通过积极参与公益活动，学生能够展现自己的社会责任感和专业能力，树立良好的社会形象。这样的社会联系和良好形象对学生未来的职业发展非常有益。

模拟法庭、模拟法律事务所、司法实习、法律实训、社会实践和公益活动等形式的实践教学在法学专业课程中起着不可忽视的作用。这些实践形式不仅有助于提高学生的实践能力、辩论技巧和团队合作能力，还能够培养学生的社会责任感、公益意识和解决问题的能力。通过这些实践经历，学生不仅能够更好地理解法律理论，还能够更好地将法律知识应用于实际社会中，成为具有社会价值和公共意识的优秀法学人才。因此，学校和教师应该高度重视实践教学的重要性，合理规划和组织实践教学活动，为学生提供更加丰富的法学教育。同时，学生应该积极参与实践教学，通过实践锻炼和成长，不断提升自己的综合素质，为其将来从事法律事业奠定坚实基础。

第二节　校外实习的组织与管理

校外实习是法学专业学生在校内学习期间，走出学校，到法律机构、律师事务所、法院等法律实践单位进行实践锻炼的重要环节。校外实习的组织与管理对学生的实践体验和职业发展具有重要影响。

一、实习机构合作与选择

（一）实习机构合作的重要性

校外实习是法学专业学生接触实际法律工作的重要途径，而实习机构合作对实习活动的顺利进行和学生的实习质量具有至关重要的意义。

首先，实习机构合作可以为学生提供多样化的实习机会。不同类型的法律机构拥有各自特色和业务领域，如律师事务所侧重民事和商事法律服务，法院和检察院则专注司法实践，公证处负责公证和鉴定等。通过与这些不同类型的机构合作，学生可以接触到更广泛的法律实践领域，从而全面了解法律行业的多样性。

其次，实习机构合作能够提供专业化的指导与支持。法学专业学生在实习过程中会面临各种复杂的问题，需要得到专业法律指导和支持。与专业的法律机构合作，学生可以有机会接触到业界资深律师、法官等从业者，得到他们的实践经验分享和指导，帮助学生更好地理解法律实践中的要点和难点。

最后，实习机构合作有助于搭建学校与社会之间的桥梁。通过与各类法律机构建立合作关系，使学校与社会之间的联系更加紧密。实习期间，学生将融入真实的法律实践环境，与业界人士进行交流和合作，这种社会融入能够帮助学生更好地了解法律行业的需求和要求，增强学生的职业意识和提供其社会适应能力。

（二）实习机构的选择标准

在选择实习机构时，学校需要综合考虑多个因素，以确保学生的实习体验和学习效果最大化。

首先，实习机构应具有良好的声誉和专业能力。选择知名且有实力的法律机构，可以保证学生接触到高质量的法律实践，充分了解行业最新动态。

其次，实习机构的专业领域应与学生的兴趣方向相匹配。不同学生可能对不同法律领域感兴趣，学校应尽可能与涵盖各个领域的机构进行合作，以满足学生个性化的实习需求。

再次，实习机构的地理位置也是需要考虑的因素。学校应尽量选择距离校园较近的实习机构，以方便学生实习期间的交流和学校对实习学生的管理。

最后，学校需要考虑实习机构的规模和实习资源。较大规模的法律机构通常拥有更丰富的实习资源和机会，而较小规模的法律机构可能更注重的学生个性化的培养。

（三）实习合同与责任

在与实习机构进行合作前，学校应当与实习机构签订实习合同，明确双方的权利与责任，以确保实习活动的规范和有序进行。实习合同应包含以下内容：

1.实习期限和时间安排

在实习合同中，应明确学生的实习期限，即实习的开始日期和结束日期。此外，实习的时间安排也应在合同中明确规定实习期间的工作时间、休息日安排等。

例如，本次实习合同自××日至××日，实习时间为每周五天，每天工作时间为8小时，其中包括1小时的午休时间。实习期间，学生享有每周两天的休息日，特殊情况需要延长工作时间的，应提前得到学生的同意，并按照相关法律规定支付加班费。

2.实习内容和任务

实习合同应明确学生在实习期间需要完成的具体实习任务。这涉及学生在实习机构的工作职责、参与的项目等。具体的实习内容和任务应根据学生的专业方向和学习目标来安排，以保证实习更有针对性和实用性。

例如，学生在实习期间需参与公司法律顾问部门的工作，主要负责法律咨询、合同起草、法律文书审核等工作。学生将参与公司诉讼案件的研究，并协助律师进行庭审准备工作。此外，学生还需要积极参与部门的内部培训和学术交流活动，提高实践能力和专业素质。

3.实习指导教师的责任

实习合同应明确实习指导教师的责任和义务。实习指导教师是学生实习期间的重要指导者和监管者，其责任是对学生的实习工作进行指导和管理，提供学术和实践上的支持和指导。

例如，实习指导教师应对学生的实习活动进行全程指导，协助学生完成实习任务和项目。指导教师应根据学生的实习情况，定期与学生进行面谈，对学生的实习表现进行评价，并及时提供改进意见和建议。

4.实习机构的责任

实习合同应规定实习机构对学生实习活动的支持。实习机构应积极配合学校的实习安排，为学生提供优质的实习环境和实习资源，确保学生在实习期间能够顺利完成实习任务。

例如，实习机构应提供必要的工作场所和设施，保障学生的学习和实践需求。同时，实习机构应配备专业的实习导师，负责对学生的实习工作进行指导和监督。实习机构应为学生提供必要的学习资源和资料，并允许学生参与相关的内部培训和学术交流活动。

5.实习期间的保障措施

实习合同应明确学校和实习机构对学生在实习期间权益的保障措施。保障措施包括学生的人身安全、合理的休息和实习条件等，确保学生在实习期间能够安全、健康地进行实习活动。

例如，学校和实习机构应共同确保学生在实习期间的人身安全。实习机构应对工作场所进行安全检查，并采取必要的安全措施，预防潜在的安全风险。学校和实习机构应定期进行安全培训，增强学生的安全意识和应急处理能力，以应对突发情况。

学校和实习机构应保障学生在实习期间的休息和实习条件。学生在连续工作一定时间后应享有合理的休息时间，以保证学生的身心健康。实习机构应为学生提供必要的实习设施和资源，如办公设备、法律文献、实习资料等，以支持学生的实习活动。

实习期间如有纠纷或问题发生，学校和实习机构应协商解决。双方应建立及时沟通的机制，保持通畅的沟通渠道，及时解决学生在实习中遇到的问题。若涉及学生的权益受损，学校和实习机构应积极协助学生维护权益，妥善处理纠纷。

学校和实习机构应对实习过程进行监督和评估。定期对学生的实习表现进行评价估，及时发现问题并提供改进建议。学校应与实习机构进行沟通，了解实习过程中的进展和学生的学习情况，以便及时调整和改进实习计划。

通过明确实习合同中的权利与责任，可以有效规范实习活动，保障学生的权益，促进学生的全面成长。实习合同是学校与实习机构之间的约定，双方应切实履行合同中的约定，确保实习活动的顺利进行和学生实习质量的提高。"

实习合同的细化和规范化对实习活动的顺利进行至关重要。学校和实习机构应共同努力，建立健全实习合同，确保学生在实习期间得到充分的锻炼，为将来的职业发展打下坚实的基础。

二、实习计划与指导教师安排

（一）制订实习计划

制订实习计划是校外实习活动的关键步骤，它为学生的实习活动提供了明确的指导和目标。实习计划的制订应该考虑以下几个方面：

1.实习时间安排

学校应根据法学专业的学习计划和学期安排，确定学生进行实习的时间。实习期限可以根据学年分为暑期实习、寒假实习等，也可以根据学生的学习进度进行灵活调整。

2.实习内容

实习计划应明确学生在实习期间需要完成的实习内容，包括参与的法律实践项目、案例类型、实习活动等。学校可以根据学生的专业方向和学习目标，量身定制实习任务，以使实习更具有针对性和实用性。

3.实习目标

实习计划应明确学生进行实习的目标和预期成果。这些目标可以是学术方面的，如提高学生的法律实践能力和解决问题的能力，也可以是职业方面的，如帮助学生了解职业规划和发展方向。

4.实习指导教师

实习计划应确定每位学生的实习指导教师。指导教师是学生实习过程中的重要指导者和学术顾问，负责对学生的实习活动进行指导和评估。

5.实习评估方式

实习计划应明确实习的评估方式和标准。学校可以通过实习报告、实习日志、实习总结等方式对学生的实习表现进行评估，从而了解学生在实习期间的学习和成长情况。

（二）指导教师的安排

实习指导教师的角色至关重要，他们在学生实习期间起着重要的辅导和指导作用。指导教师的安排应考虑以下几个方面：

1.教学经验和专业知识

指导教师应当具备丰富的法律实践经验和较高的教学水平，能够帮助学生解决实习中遇到的问题，指导学生进行实际操作。

2.与学生专业匹配

学校应根据学生的专业方向和实习内容，合理匹配指导教师与学生。这样可以确保指导教师对学生的实习内容和需求有所了解，从而更好地指导学生。

3.实习期间的指导方式

指导教师可以通过定期与学生进行面对面的交流，帮助学生理解法律实践中的复杂问题,并引导学生探索解决方案。此外,指导教师还可以通过电子邮件、在线讨论等方式与学生保持联系,解答学生提出的问题。

4.实习评估

指导教师应对学生的实习表现进行评估,并提出及时反馈意见。指导教师的评估对学生的实习成果有重要影响,可以帮助学生不断完善自己,提高实习成绩。

学校应当注重实习指导教师的选拔和培养,定期组织培训和交流活动,提高指导教师的教学能力和水平,为学生提供更优质的实习指导。

(三)实习中的学术支持

学校在校外实习期间应为学生提供必要的学术支持,以帮助学生在实习中取得更好的成果。

1.定期交流

学校可以安排学生和指导教师定期进行交流。学生可以向指导教师汇报实习进展和遇到的问题,指导教师可以对学生的实习进行指导和评估。

2.学术指导

学校可以为学生提供实习期间的学术指导,包括学术讲座、研讨会等形式,帮助学生深入了解法律实践中的复杂问题,并引导学生进行进一步的研究和学习。

3.提供学术资源

学校可以为学生提供相关的学术资料和文献,以帮助学生进行进一步的研究和学习。学术资源可以包括法律文书、案例研究、法律期刊等,让学生能够深入了解法律领域的最新动态。

4.解决问题

在实习过程中,学生可能会遇到各种问题和困难,学校应及时提供帮助和支持。学校可以设立实习服务中心或专门负责实习指导的部门,为学生提供咨询和解答问题的服务。

通过提供充分的学术支持,学校可以帮助学生在实习中不断积累经验、提高实践能力,从而更好地适应未来的法律职业发展。

三、实习成果评价与总结

(一)实习成果评价的重要性

实习成果评价是校外实习的重要环节,它对学生个人的成长和学校实习项目的质量管理都起着至关重要的作用。

1.为学生提供反馈意见和改进机会

实习成果评价可以让学生了解自己在实习期间的表现。通过评价结果,学生可以得知自己的优势和不足,从而有针对性地进行改进。这有助于学生在实习过程中不断完善自己,增强实践能力和专业素养。

2.促进学生自我反思与职业发展

实习成果评价要求学生进行实习总结和反思。在总结中，学生回顾实习经历、总结经验教训，可以对职业规划产生更加清晰的认识。通过实习评价的过程，学生可以更好地了解自己的兴趣、优势和职业目标，为未来的职业生涯做出更加明智的选择。

3.帮助学校改进实习项目

实习成果评价可以为学校的实习项目提供重要的反馈意见。通过对学生的实习表现进行评估，学校可以了解实习项目的效果，从而对实习项目进行优化，提高实习质量。

（二）实习评价指标和方法

1.实习表现

评价学生在实习期间的表现，包括实习态度、责任心、合作能力等。学生是否积极主动地参与实习活动，是否遵守实习纪律，对实习任务是否认真负责，都是评价学生实习表现的重要指标。

2.专业知识掌握程度

评价学生在实习中所运用的专业知识和法律理论的熟练程度。学生在实际操作中是否能够灵活运用所学的法律知识，解决实际问题，是评价学生专业知识掌握程度的重要指标。

3.团队合作能力

评价学生在团队中的协作和沟通能力。实习往往需要学生与他人合作完成任务，学生是否能够良好地与他人合作，有效地进行团队协作，是评价学生团队合作能力的重要指标。

评价方法可以采用多种形式，包括实习指导教师的定期评估、实习报告和实习日志的书写、实习成果展示和口头报告等。通过多样化的评价方法，可以更全面地了解学生在实习中的表现。

（三）实习总结与反馈

实习总结是学生对实习经历和收获的自我反思及总结，也是实习成果评价的重要组成部分。在实习总结中，学生可以回顾整个实习过程，总结所取得的成绩和经验，分析遇到的问题，并提出对自己未来发展的规划。

实习指导教师应当对学生的实习总结进行认真评阅。指导教师可以从专业角度对学生的实习总结进行点评，指出学生在实习过程中的亮点和不足，提供有针对性的建议和改进意见。通过指导教师的反馈意见，学生可以更全面地认识到自己的实习表现，不断改进和提高。

同时，学校可以组织实习总结的交流和分享活动，让学生之间有机会相互借鉴和学习。这样的平台不仅可以促进学生之间的交流，还可以为学校改进实习项目提供更多的建议。

第三节　实践教学对法学专业学生的影响

一、实践教学对学生实践能力的提升

实践教学在法学专业学生的学习过程中发挥着至关重要的作用。通过将理论知识与实际操作相结合，实践教学为学生提供了丰富多样的学习体验，对学生实践能力的提升有着积极的影响。

（一）实践操作的机会

实践教学为法学专业学生提供了丰富的实践操作机会，使得他们能够在真实的法学环境中进行案例分析、法律咨询、合同起草等活动。在模拟法庭、模拟法律事务所以及校外实习等实践环节中，学生可以亲身体验法律实践，从而培养实际解决问题的能力。这种与实际情况接触的学习经历，使得学生能够更好地理解法律的适用范围，使学生在实践中逐渐成长。

实践操作的机会可以锻炼学生的实践技能。例如，在模拟法庭的活动中，学生可以扮演法官、律师或证人等角色，通过模拟庭审的形式学习审判过程和辩论技巧。在模拟法律事务所中，学生可以参与合同起草、法律文件处理等实际工作，从而熟悉法律实践中的具体操作。在校外实习中，学生可以亲身参与各类法律业务，如参与庭审、协助律师处理案件等，通过实践加深对法律理论的理解和掌握。

（二）辩论与沟通技巧的培养

实践教学的一个重要组成部分是模拟法庭和模拟法律事务所等实践活动。在这些活动中，学生需要进行辩论和角色扮演，从不同视角审视问题并进行口头表达。这种实践可以锻炼学生的辩论技巧、表达能力和沟通能力。

通过模拟法庭的辩论活动，学生可以学会如何运用法律知识和法律逻辑，通过适当的论证和表达来支持自己的观点。他们需要在一定的时间内做好充分准备并在庭审中应对对手的质询。这种实践可以培养学生的逻辑思维和辩论技巧，使他们能够在未来的法律工作中能够自信地进行辩论和辩护。

同时，在模拟法律事务所中，学生需要与他人协作，共同完成法律业务。在团队合作过程中，学生学会与他人有效沟通、协商和解决问题。他们需要学会倾听他人的意见，并在团队中共同协作完成任务。这样的实践可以培养学生的领导力和团队合作精神，使他们成为具备良好沟通能力的法律专业人才。

（三）解决问题的能力

实践教学是强调问题导向的学习方法，鼓励学生通过自主学习和实践去解决实际问题。在实践中，学生需要面对各种复杂的法律案件，需要运用所学的法律知识和技能去解决问题。这种实践可以培养学生的解决问题能力和创新思维，使得学生能够在未来的实际工作中应对各种挑战。

在模拟法庭的活动中，学生需要依据法律条文和案件事实，提出合理的解决方案。他们需要运用批判性思维，权衡利弊，从而做出判断。在模拟法律事务所和校外实习中，学生需要处理实际案件，通过分析、研究和调查，找出解决问题的途径。这样的实践可以锻炼学生的逻辑推理能力和解决问题能力，使得他们能够在未来的实际工作中灵活运用法律知识，妥善解决复杂的问题。

（四）法律职业素养的塑造

通过实践教学，学生逐渐形成专业、严谨、负责的职业素养。实践教学强调了学生在实际工作中的规范行为和职业道德，学生在实习和模拟法庭等实践中体会到职业律师的职责和社会角色，逐渐形成正确的法律职业价值观。

在模拟法律事务所和校外实习中，学生需要为客户提供法律服务，这要求他们具备高度的责任心和职业操守。他们需要维护客户的合法权益，并保护客户的隐私。同时，学生在实践中会面对一些复杂的道德伦理问题，如在处理利益冲突时如何做出公正的判断。通过实践教学，学生在实际工作中可以塑造出诚信、廉洁、勤勉、谨慎等法律职业素养，形成了正确的职业道德观念。

在模拟法庭和模拟法律事务所等实践活动中，学生接触到了法律职业的艰辛。他们了解到律师在案件处理中需要冷静客观，秉公执法，不能被个人情感所左右。在模拟法庭的辩论中，学生学会了善于争辩，但同时学会了尊重对手和法庭的判罚。这种实践可以使学生逐步塑造高尚的法律职业道德，使得他们在未来的法律实践中能够忠诚于法律事业，恪守法律职业准则。

二、实践教学对学生综合素养的培养

实践教学不仅可以提升学生的实践能力，同时也会对学生的综合素养培养产生深远的影响。在法学专业学生的全面发展中，实践教学发挥着以下重要作用：

（一）综合知识的运用

实践教学为法学专业学生提供了将理论知识与实际问题相结合的机会，使得学生在实践中需要运用跨学科的知识去解决问题。在模拟法庭的案件辩论中，学生需要了解刑法、民法、诉讼法等多个法学领域的知识，将不同领域的法律知识融会贯通，从而对案件进行综合性分析和辩护。在模拟法律事务所的合同起草中，学生需要同时考虑民法和商法等不同领域的规定，确保合同的合法性和有效性。这种综合知识的运用可以使得学生的知识结构更加丰富和完整，从而提高学生的综合学科素养。

1.实践教学中的案例分析

实践教学为学生提供了丰富的案例分析机会，让学生将理论知识应用于实际问题的解决中。在模拟法庭的案件辩论中，学生需要针对具体案件进行分析，包括案件的事实、争议焦点、适用法律等。通过深入分析，学生能够深刻理解法律条文在实际案件中的适用，锻炼辨别案情和分析问题的能力。

例如，学生在模拟法庭中扮演被告人辩护律师的角色，面对一起刑事案件，涉及盗窃罪和伤害罪。学生需要通过分析被告人的行为动机、证人证词和相关证据，来为被告人进行辩护。在这个过程中，学生需要综合运用刑法、证据法等法律知识，进行合理的辩护策略选择，并利用相关法律条文为被告人辩护。通过这样的案例分析实践，学生不仅加深对法律知识的理解，还培养了对复杂案件的把控能力。

2.实践教学中的合同起草

在模拟法律事务所的实践环节中，学生可能需要扮演律师的角色，为客户起草合同。起草合同是一项复杂的任务，要求学生综合考虑各种法律规定和当事人的实际需求。学生需要了解民法、商法等多个领域的规定，并将其运用到实际合同起草中。

例如，学生需要为一家企业起草雇佣合同，涉及劳动法、社会保险法等多个法律领域。学生需要了解雇佣合同中的各项条款，如薪酬、工作时间、工作条件等，并根据法律规定和企业的具体情况起草合同内容。在合同起草过程中，学生需要综合运用不同法律领域的知识，确保合同的合法性和有效性。这样的实践可以锻炼学生综合运用法律知识解决实际问题的能力，培养学生的专业素养和实践能力。

3.实践教学中的跨学科问题解决

实践教学中，学生会接触到跨学科的实际问题，如环境法律、知识产权法律等。在这些案例中，学生需要运用相关的法学知识，同时需要了解相关的环境科学、知识产权管理等领域的知识，从而综合应对实际问题。

例如，学生参与一个环境保护组织的实践项目，需要处理一起涉及污染企业的环境法律案件。学生需要了解相关的环境法律法规，包括《大气污染防治法》《水污染防治法》等，同时需要了解环境科学方面的知识，了解企业的污染情况及对社会造成的影响。在处理这个案件时，学生需要综合运用法律和环境科学的知识，为当事人提供全面的解决方案。

通过这样的跨学科解决问题实践，学生不仅加深对法律知识的理解，还会培养其跨学科思维和综合运用知识的能力。他们学会了在实践中灵活运用法律知识，并结合其他学科的知识，为解决复杂问题提供全面的解决方案。

（二）组织与管理能力

实践教学中，学生通常需要参与团队合作，协调分工，共同完成实践任务。这可以培养学生的组织与管理能力。学生需要学会在团队中与他人有效沟通、协商和解决问题，领导或扮演团队成员的角色，从而可以提升他们的组织和协作能力。

团队合作与沟通能力。实践教学通常涉及团队合作，学生需要与其他同学共同完成实践任务。在团队合作过程中，学生需要学会有效沟通，包括表达自己的意见、倾听他人观点、协商决定等。同时学生需要学会在团队中协调分工，将每个成员的优势发挥到最大，确保团队协作的顺利进行。

任务分配与协调能力。在实践教学中，各种任务需要分配给不同的团队成员。学生需要了解每个成员的专业特长和能力，合理安排任务，确保每个成员都能充分发挥自己的优势。同时，学生需要具备协调能力，及时调整任务分配，应对可能出现的问题。

领导与协作能力。在团队中，学生可能会有机会扮演领导者的角色，需要带领团队成员共同完成任务。领导能力涉及指导团队方向、激发团队成员的积极性、应对冲突等。同时，学生需要懂得在适当时候作为团队成员，配合和支持其他领导者的工作，形成良好的协作氛围。

时间管理与优先级设定。实践教学可能涉及多个任务和项目，学生需要学会合理安排时间，设定优先顺序，确保各项任务按时完成。这要求学生具备较强的时间管理和自我组织能力，能够有效应对多项任务压力。

问题解决与决策能力。在实践中，学生可能面临各种复杂情况，需要迅速做出决定并解决问题。学生通过实践经验，可以培养辨别问题、分析情况、做出解决方案的能力。

实践教学对学生组织与管理能力的培养起到了重要的促进作用。这些能力在学生未来的法律职业中是至关重要的，无论是在律师事务所、法院、检察院还是企业法务部门，优秀的组织与管理能力都能使学生在职场中更加出色地发挥自己的才华。因此，学校应该在实践教学中注重培养学生的组织与管理能力，为他们未来的职业发展奠定坚实的基础。

（三）批判性思维与判断力

实践教学要求学生在实际情况下运用所学的法律知识，解决复杂的问题，促使学生发展批判性思维和判断力。在实践中，学生需要仔细分析不同情况，权衡利弊，做出明智的决定。

深入分析与综合思考。在模拟法庭的案件辩论和校外实习中，学生需要对复杂的法律问题进行深入分析，仔细审查相关的法律条文、案例和证据。他们需要学会从多个角度审视问题，综合运用不同的法律知识和法律原则，进行合理的推理和判断。

权衡利弊与决策能力。实践教学中，学生可能会面对不同的法律选项和解决方案。他们需要权衡利弊，考虑各种可能的后果和影响，并做出明智的决定。这要求学生在较短的时间内做出准确的判断，并为客户或团队提出最佳的法律建议。

独立思考与批判性评估。实践教学鼓励学生独立思考和批判性评估。学生需要审查案件的相关资料和证据，评估各方的主张和论据的可信度和有效性，并对案件进行综合性的评估。这样的实践可以锻炼学生的逻辑思维和分析能力，使他们能够更客观地评价问题和提出解决方案。

应对压力与自信心培养。在实践教学中，学生常常需要在有限的时间内应对复杂的案件。这要求他们保持冷静，并在压力下做出合理的判断。通过实践，学生逐渐可以培养应对压力的能力，增强其自信心，使他们在面对挑战时能够更加坚定和果断地做出决定。

实践教学对学生批判性思维与判断力的培养起到了至关重要的作用。这些能力在学生未来的法律职业生涯中是必不可少的，无论是在辩论中对案件进行深入分析，还是在校外实习中为客户提供法律建议，批判性思维和判断力都将促使学生在法律领域取得卓越的成就。因此，学校应该在实践教学中注重培养学生的批判性思维与判断力，为他们未来的职业发展打下坚实基础。同时，通过引入实践教学的案例和情境，让学生在实际操作中进行批判性思考，将有助于提高学生的综合能力和职业素养。

（四）职业道德与社会责任感

实践教学不仅要培养学生的专业技能，还要对学生的职业道德和社会责任感进行塑造。通过参与模拟法庭和社会实践等活动，学生更加深刻地认识到他们作为法律专业人士的社会责任。他们将接触到不同群体，包括弱势群体和社会公益事业，因此需要考虑案件结果对这些群体的影响。

1.职业道德的培养

实践教学是学生接触法律实践的重要途径，通过亲自参与实际案例的处理，学生不仅可以了解到法律理论如何运用于实际中，还可以直接面对不同类型的客户。在模拟法庭和模拟法律事务所等实践中，学生在模拟的职业角色中，扮演着法官、律师等法律从业者的角色，因此，他们需要具备相应的职业道德。在这些实践中，学生必须遵循法律职业道德准则，如客观公正、保守客户隐私、不得徇私舞弊等。这样的实践经验可以使得学生在早期就形成遵守法律职业道德的自觉意识，并为将来从业打下了坚实基础。

2.社会责任感的培养

在校外实习中，学生可能会接触到一些涉及公共利益的案件，如环保诉讼、劳动权益等。在处理这些案件时，学生需要考虑法律正义和社会公益，以维护社会公众的合法权益。这样的实践经历有助于培养学生的社会责任感，让他们认识到其作为法律专业人士的使命和责任，以推动社会公平正义为己任。

另外，实践教学中还经常涉及与客户、同事和其他相关方的交往。学生通过这样的交往，不仅可以锻炼与人沟通协调的能力，也可以培养其以诚信和专业的态度对待他人的价值观。这样的社交经验有助于塑造学生积极向上、负责任、关心社会的优秀品质，让他们在法律职业发展中能够成为真正的社会栋梁。

通过综合运用各种知识解决实际问题，学生的综合学科素养得到提高。在团队合作中，学生可以培养组织与管理能力。实践教学中的批判性思维和判断力的培养使得学生能够客观、理性地处理问题。同时，实践教学注重职业道德和社会责任感的培养，使得学生可以成为具有高度责任感和职业操守的法律专业人才。这些培养和锻炼将为学生未来的法律职业发展奠定坚实基础，让他们成为社会需要的优秀法学人才。

第六章 高校法学专业跨学科融合与学生综合素养培养

第一节 法学专业与其他学科的融合与合作

一、法学与社会学、政治学的交叉

（一）法学与社会学的交叉

法学与社会学的交叉为法学研究提供了重要的社会背景和文化脉络。社会学研究社会现象、社会结构、社会关系等，而法学关注的是社会中的法律现象、法律规范以及法律体系。这两门学科的交叉点在于法律体系是社会的重要组成部分，法律的制定和执行受到社会因素的影响，而同时法律会对社会产生重要影响。

在研究层面，社会学的研究成果为法学提供了重要的社会背景和文化脉络。例如，社会学家对不同社会群体的价值观、信仰、行为习惯等进行深入调查和分析，为法学家解释法律规范的社会适用性和普遍性提供了重要线索。在法律实践中，法律往往需要考虑到不同社会群体的需求和利益，因此社会学的研究成果可以帮助法律制定者来关注法律规范的社会影响，以制定更合理和有效的法律政策。

（二）法学与政治学的交叉

法学与政治学的交叉点在于法律是政治的一种重要手段，而政治决策会影响法律的制定和执行。政治学研究政治权力、决策过程和政府行为，而法学涉及法律规范和司法体系。法学与政治学的交叉为法学家提供了政治决策的背后动因和影响因素，为法律的制定和执行提供了重要参考。

在研究层面，政治学的研究成果可以帮助法学家更好的理解某项法律规范背后的政治动机。例如，在制定某项税收法律时，政治学的研究可以揭示政府的财政政策和税收政策目标，帮助法学家理解该法律规范在政治决策中的位置和作用。同时，政治学的研究可以帮助法学家预测政治决策可能对法律执行产生的影响，从而为司法实践和法律的修改提供参考。

法学与社会学、政治学的交叉分别为法学研究和实践提供了重要的社会背景和政治动因。这种交叉不仅拓展了法学的研究领域，更重要的是为国家制定更合理和有效的法律政策，为司法实践提供更全面和深入的支持。此外，法学与社会学、政治学的交叉还需要专业人才的交叉培养，培养具备法学和社会学、政治学知识的复合型人才，以更好地应对复杂和多变的社会需求。

二、法学与经济学、管理学的结合

（一）法学与经济学的结合

法学与经济学的结合主要体现在法律对经济活动的调控和规范方面。经济学研究资源配置、供求关系和市场机制等经济现象，而法学在经济领域中发挥着制定法律规则和保障市场秩序的重要作用。这种结合促使法学家和经济学家共同探讨经济问题中的法律因素，并通过合作研究制定更加有效的经济政策和法律规范。

在实践中，法学与经济学的结合体现在对市场失灵的研究上。当市场存在信息不对称、外部性或垄断等问题时，经济学家研究导致市场失灵的原因和机制，提出制定相应的经济政策建议。法学家则通过法律手段修复市场失灵，通过反垄断法、信息公开法等法律手段来维护市场竞争和消费者权益。

（二）法学与管理学的结合

法学与管理学的结合主要体现在企业治理和组织管理方面。管理学研究企业的组织架构、决策管理和人力资源等，而法学在企业中发挥着法律顾问、合规管理和风险防控的作用。这种结合为企业提供了法律支持和风险防范，有助于企业健康稳定地发展。

在企业治理方面，法学与管理学的结合体现在公司法和公司治理的研究上。公司法规定了公司的组织形式、运营规则和股东权益保护等，而公司治理则研究公司内部结构、权力分配和监督机制。法学家对公司法律规定的解读和修订，可以为企业提供合规经营和法律保障。管理学家对公司治理结构和运作的研究，有助于发现和解决公司内部管理问题，提高企业的决策效率和运营水平。

在组织管理方面，法学与管理学的结合表现在法律顾问和合规管理。企业在日常经营中会面临各种法律问题，如合同纠纷、劳动争议等，需要法律专业人才提供法律咨询和意见。同时，法律合规对企业的经营和发展至关重要，通过遵守法律规范和规定，企业可以降低法律风险，保护企业的利益。

另外，法学与管理学的结合也在企业合规管理中体现。企业需要遵守国家法律法规和行业规范，以确保企业的合法经营和社会责任。在这方面，法学专业人员可以为企业提供法律咨询和法律合规培训，帮助企业建立健全的法律合规制度和机制。管理学专业人员则负责组织和执行合规措施，确保企业各项经营活动符合法律法规。

在实践中，法学与管理学的结合还体现在企业的风险防控上。企业在运营过程中会面临各种潜在风险，如法律风险、市场风险和经营风险等。法学专业人员通过风险评估和法律预防，帮助企业识别和应对各类法律风险。管理学专业人员则负责制定风险管理策略，规避和应对风险，保障企业的稳健发展。

三、法学与科技、信息学的融合

（一）法学与科技的融合

1.法律智能化与人工智能技术的应用

自然语言处理与法律文本分析。自然语言处理（NLP）是人工智能的一个重要分支，它使得计算机能够理解和处理自然语言。在法学领域，NLP 技术被广泛应用于法律文本分析。通过 NLP，律师和法官可以更快速地搜索和分析大量的法律文献，如判例、法规、法庭记录等。这使得他们能够更准确地找到相关的法律依据和先例，从而提高案件处理的效率和质量。

数据挖掘与案件预测。数据挖掘技术在法学中被用于案件预测和法律风险评估。通过对历史案件数据的挖掘和分析，可以揭示出特定类型案件的规律和趋势。基于这些规律，可以建立预测模型，预测未来类似案件的结果和可能的判决。这可以对律师和当事人在制定辩护或诉讼策略时提供重要的参考。

智能合同与区块链技术。智能合同是利用计算机代码自动执行合同条款的一种合同形式。它结合了法律和计算机科学，确保合同的自动履行和可信性。区块链技术提供了去中心化和不可篡改的特性，使智能合同更加安全和可靠。这在数字化经济中的金融交易、知识产权保护等领域具有重要应用前景。

2.虚拟现实技术在模拟法庭中的应用

身临其境的模拟法庭体验。虚拟现实技术可以为法学学生提供身临其境的模拟法庭体验。通过戴上 VR 设备，学生可以进入虚拟法庭，扮演律师或法官，并参与案件辩论和庭审过程。这样的虚拟体验让学生感觉仿佛置身于真实法庭，可以增强他们的实践能力和对法庭程序的理解。

多样化案例模拟与实践训练。虚拟现实技术使得模拟法庭的案例更加多样化和灵活。教师可以根据不同法律领域的实际案例进行模拟，提供丰富的实践训练机会。学生可以接触到各种类型的案件，从刑事案件到民事纠纷，从合同纠纷到知识产权案件，使他们对不同领域的法律适用有全面的了解。

错误和改进得实时反馈。虚拟现实技术允许实时记录学生在模拟法庭中的表现，并提供错误和改进的反馈信息。这种实时反馈使得学生能够及时发现自己的不足，并有针对性地改进。这有助于学生在模拟法庭中不断进步和提高自己的技能，为将来的法律实践做好准备。

3.电子诉讼与在线调解

电子诉讼平台的建设与优化。电子诉讼是指通过电子化手段进行诉讼活动的方式。通过建设和优化电子诉讼平台，可以实现诉讼过程的数字化和在线化。律师和当事人可以通过在线平台提交诉讼材料、进行庭前交流和证据交换，这样会节省很多时间和资源。

在线调解平台的建设与应用。在线调解平台为纠纷解决提供了新的方式。当事人可以通过在线平台进行调解和谈判，寻求解决纠纷的途径。在线调解的优势在于可以跨越地域限制，让当事人在全球范围内寻求调解资源，为解决纠纷提供了更多可能性。

司法资源的优化与共享。电子诉讼和在线调解的实践可以实现司法资源的优化和共享。通过电子诉讼平台，案件可以更好地被分配和管理，实现司法资源的合理调配。在线调解平台可以将全球范围内的调解资源整合起来，提供更多的调解选项，为纠纷解决提供更多的机会。

科技和信息学的应用使得法学研究和实践更加高效和智能化，为法律体系的完善和司法公正带来了更多可能性。同时，科技和信息学的发展为法律领域带来了新的法律问题和挑战，需要法学家们不断深入研究和探索。

（二）法学与信息学的融合（信息法学）

1.数据隐私与信息安全

数据隐私的法律保护机制。随着互联网和大数据技术的发展，个人数据的收集和使用已经成为日常生活中的常态。然而，大规模的数据收集带来了对个人隐私泄露的担忧。信息法学研究如何制定数据隐私的法律保护机制，以保障个人的隐私权益。例如，欧盟《通用数据保护条例》（GDPR）规定了对个人数据的合法收集和使用要求，强调了数据主体的知情权和同意权。

信息安全的法律规范。信息安全是指信息系统和信息基础设施的保护，防止其受到未经授权的访问、破坏、泄露或篡改。信息法学关注在信息传输和存储过程中的安全规范。一些国家和地区的法律规定了信息系统的安全要求，要求网络运营者采取相应的技术措施，保障信息安全。例如，美国《信息安全法》规定了联邦政府信息系统的安全措施和标准。

2.网络空间治理与互联网法律

制定网络空间的法律规则。网络空间治理涉及对互联网和数字化环境中的各类主体、行为进行规范和管理。信息法学研究如何制定适用于网络空间的法律规则，以维护网络空间的秩序和稳定。例如，联合国《网络空间行为准则》旨在通过国际合作制定网络空间的规范，促进网络空间的和平、安全与稳定。

互联网法律与在线言论自由。互联网法律涉及在互联网环境下保障公民的言论自由权利。信息法学研究如何规范言论自由与信息传播的法律责任，防止网络言论滥用和恶意造谣。例如，一些国家对不实言论和侮辱性言论在互联网上的传播制定了相应的法律规范，以维护社会秩序和公民权益。

网络版权保护与知识产权侵权。随着数字化时代的发展，网络版权保护成为重要议题。信息法学研究如何在互联网环境下有效保护知识产权，防止盗版和侵权行为。例如，一些国家和地区制定了相关的数字版权法律，规范了在线版权的保护和维权机制，保护知识产权创作者的权益。

3.电子商务与知识产权保护

电子商务的法律框架。电子商务的兴起带动了跨境交易和数字经济的发展。信息法学研究如何制定电子商务的法律框架，规范电商平台的经营行为和消费者权益保护。

跨境电商与消费者保护。跨境电商涉及不同国家或地区之间的交易活动，其涉及的法律和规范也具有复杂性。信息法学研究如何保护跨境电商中消费者的权益，解决跨境交易中的纠纷。例如，一些国家和地区建立了跨境电商消费者维权机制，提供便捷的跨境纠纷解决途径。

知识产权保护与网络侵权。在数字化时代，知识产权的保护变得尤为重要。信息法学研究如何在网络环境下加强知识产权保护，防止网络侵权和盗窃行为。例如，一些国家加强了知识产权的数字化保护，采用数字水印等技术来防止知识产权侵权和盗版行为。

法学与社会学、政治学的交叉帮助法学家更好地理解法律现象的社会背景；法学与经济学、管理学的结合使得法律能更好地规范经济活动和组织管理；法学与科技、信息学的融合则带来了法律领域的科技创新和数字化转型。这些融合与合作不仅拓展了法学的研究领域，也为解决复杂的社会问题提供了更全面、多维度的视角和解决方案。同时，各学科之间的合作需要专业人才的交叉培养，培养具备多学科背景的复合型人才，以更好地应对日益复杂和多元化的社会需求。

第二节　法学专业学生综合素养的培养策略

一、语言表达与写作能力

语言表达和写作能力是法学专业学生必备的基本素养。在法学领域，良好的语言表达和写作能力对学生的学术研究、法律实务和职业发展都至关重要。为培养学生的语言表达与写作能力，学校和教师可以采取以下策略：

（一）提供写作指导

学校可以设置专门的写作指导课程或工作坊，教授学术写作的基本规范和技巧。教师可以指导学生如何撰写学术论文、法律文书和实践报告等，注重逻辑思维和论证能力的培养。

设立写作指导课程或工作坊。学校可以设置专门的写作指导课程或工作坊，由专业的写作导师或教师负责教学。课程内容可以涵盖学术写作的基本规范、结构和格式，以及如何进行文献查找和引用。

学术写作技巧。教授学生学术写作的技巧，例如，如何组织段落、进行合理的论证和引用，以及如何确保文章的逻辑连贯性和完整性。

论文结构和格式。介绍学术论文的常见结构和格式，包括引言、正文、结论等部分的写作要点，以及参考文献的撰写方法。

文献查找和引用。引导学生学习如何进行有效的文献查找，以支持论文的论证和观点。同时，教授学生正确的引用方式，避免抄袭和学术不端行为。

提供个性化写作辅导。除了集体教学，学校还可以为学生提供个性化的写作辅导服务。学生可以预约与专业写作导师或教师进行一对一的写作指导，针对自己的写作问题和困惑进行解答或辅导。

鼓励学术交流和反馈。学校可以组织学术交流活动，如学术论坛、学术讲座等，鼓励学生积极参与并展示自己的学术研究成果。同时，鼓励学生之间进行写作作业的互相评阅和反馈，帮助他们发现和改进自己的写作问题。

提供范例和样本。学校可以为学生提供优秀的学术论文、法律文书和实践报告等范例或样本，让学生有一个参考标准，了解优秀作品的写作特点。

引导学生参与学术出版。学校可以鼓励学生参与学术期刊的投稿和出版，让学生的学术成果得到更广泛的认可和传播。

通过上述写作指导措施，教师可以帮助学生建立良好的写作习惯，提高语言表达和写作能力，为其未来从事法学专业相关工作打下坚实的基础。同时，这些措施有助于提高学生的学术素养，增强其综合学科能力，以更好地适应日益复杂多变的社会需求。

（二）鼓励学术交流

学校可以组织学术研讨会、学术论坛等活动，鼓励学生积极参与学术交流与讨论。通过参与学术讨论，学生可以提高表达观点和观点交流的能力。

组织学术研讨会和学术论坛。学校可以定期组织学术研讨会和学术论坛，邀请专业领域的教授、学者以及其他专业人士来校交流与讨论。学生可以在这些活动中主动参与，听取专家的学术报告和研究成果，同时有机会提问并与专家进行深入交流。这样的活动不仅拓宽了学生的学术视野，还激发了学生对学术研究的兴趣。

设立学术沙龙和读书会。学校可以设立学术沙龙或读书会，为学生提供一个自由讨论学术问题和分享研究成果的平台。学生可以自由选择感兴趣的话题，自主组织讨论和交流。这种自由的学术交流方式可以激发学生的创新思维和提高解决问题能力，培养学生在学术领域的自信和独立思考能力。

举办学术竞赛和研究项目展示。学校可以举办学术竞赛和研究项目展示活动，鼓励学生积极参与学术研究和创新。学生可以通过撰写学术论文、设计研究项目等形式展示自己的学术成果。这种竞赛和展示活动不仅可以提高学生的学术水平，还可以增强学生的学术交流和竞争意识。

成立学术社团和俱乐部。学校可以支持学生成立学术社团和俱乐部，如法学社、国际法研究俱乐部等。这些学术社团和俱乐部可以为学生提供一个专业学术交流的平台，组织讨论、研讨和学术活动。学生可以通过社团的活动结识同好，并共同探讨学术问题，相互学习和共同进步。

鼓励学生参与学术出版和会议。学校可以鼓励学生参与学术论文的撰写和投稿，并支持学生参加学术会议。学生可以通过参与学术出版和会议，与其他学者进行深入交流，分享自己的研究成果，并接触到最新的学术动态和研究趋势。

通过以上举措，学校可以积极促进学生的学术交流与讨论，激发学生的学术兴趣和研究热情。学术交流不仅可以提高学生的学术水平和综合素养，还可以培养学生的团队合作和领导能力，为他们未来在法学领域取得更大成就打下坚实基础。

（三）书面作业和论文要求

教师可以在课程中布置书面作业和学术论文，要求学生进行独立研究和写作。通过写作练习，学生可以逐步提高写作水平和学术素养。

1.书面作业的重要性与布置要求

（1）书面作业的重要性

书面作业是法学专业学生综合素养培养的重要环节，通过书面作业，学生可以锻炼独立思考、分析问题和表达观点的能力。同时，书面作业是学生学习成果的一种展示形式，可以帮助教师了解学生的学习进度。

（2）布置要求

在布置书面作业时，教师应该结合课程内容和学生的学习水平合理设置任务。书面作业可以包括课后阅读材料的总结与分析、学术文献的评论、案例分析、法律问题探讨等。另外，教师还可以要求学生进行团队合作，共同完成一份综合性的书面报告。

2.学术论文的重要性与撰写指导

（1）学术论文的重要性

学术论文是法学专业学生综合素养培养的重要组成部分，它要求学生深入研究某一特定法律问题，运用批判性思维和创新思维进行分析和解决问题。撰写学术论文可以培养学生的独立研究能力、逻辑论证能力和学术写作能力，同时是学生对所学知识进行系统梳理和应用的过程。

（2）撰写指导

教师在指导学生撰写学术论文时，应提供清晰的写作要求和指导。首先，教师可以明确论文的选题范围和研究目标，帮助学生明确研究方向。其次，教师可以指导学生进行文献综述和资料收集，帮助学生获取相关的研究资源。再次，教师可以要求学生进行研究设计和方法论的规划，确保研究过程合理且具有可操作性。最后，教师应引导学生进行论文的撰写和修改，注重逻辑性、准确性和语言表达的规范性。

3.相关实例进一步细化和具体拓展

为了更好地理解书面作业和学术论文的要求，以下是一个具体的实例：

在"国际经济法"课程中，教师要求学生撰写一篇关于"跨境电商与知识产权保护"的学术论文。学生需要深入研究跨境电商的发展现状和相关政策，同时分析知识产权保护在跨境电商中的挑战与措施。学生在撰写论文的过程中，需要收集大量的文献资料和案例数据，进行批判性思考和综合分析。最终，学生完成了一篇系统的学术论文，论述了知识产权保护对跨境电商的重要性，并提出了相关政策建议。

通过书面作业和学术论文的撰写，学生在综合素养的培养中逐渐形成了批判性思维、创新思维和解决问题能力。同时，学生在写作过程中加深了对法学专业知识的理解和应用，为未来在法学领域的研究和实践奠定了基础。

二、创新思维与解决问题能力

在法学专业中，创新思维和解决问题能力是培养学生的核心素养之一。法学领域涉及复杂的法律问题和案例，学生需要具备创新思维和解决问题的能力。为培养学生的创新思维和解决问题能力，可以采取以下策略：

（一）开设案例分析课程

案例分析是培养学生问题解决能力的有效方法。教师可以开设案例分析课程，让学生通过分析实际案例，锻炼判断和决策能力。

1.案例分析课程的重要性与意义

案例分析的重要性。案例分析是培养学生问题解决能力的有效方法，通过分析实际案例，学生能够在真实情境中综合运用所学知识和理论，形成批判性思维和判断力。案例分析课程可以使学生更好地理解法律知识的实际运用，并培养学生在不同情境下灵活解决问题的能力。

案例分析课程的意义。开设案例分析课程有着重要的意义。首先，它有助于学生理解法律理论与实践之间的关系，提高学生学习法学的主动性和积极性。其次，案例分析课程能够帮助学生培养批判性思维，培养学生分析问题和解决问题的能力。最后，案例分析课程可以促进学生之间的交流和合作，增强团队合作和沟通能力。

2.案例分析课程的设计与实施

课程设计。案例分析课程的设计应该注重案例的选择和设计，确保案例具有一定的代表性。教师可以选择涉及不同法律领域和不同复杂程度的案例，让学生从不同角度分析问题。此外，案例分析课程还可以设置小组讨论和辩论环节，增加课程的互动性。

课程实施。在案例分析课程的实施过程中，教师应该发挥引导作用，鼓励学生参与讨论和思考。教师可以提供案例分析的指导方法和步骤，帮助学生进行全面的案例分析。同时，教师应该鼓励学生提出自己的见解和观点，促进学生学会主动思考和表达。在课程结束后，教师可以组织学生进行总结和反思，让学生对案例分析过程进行评估和回顾，发现自己的不足和需要提高的内容。

3.案例分析课程实例

在"刑法学"课程中，教师开设了案例分析课程，选取了一系列涉及不同刑事案件的案例。学生在课程中需要对这些案例进行深入分析，包括案件事实、法律问题和证据分析。学生通过小组讨论和辩论，提出不同的法律观点和辩护策略，锻炼其批判性思维和辩证能力。在课程结束后，学生进行了总结和反思，认识到自己在法律运用和逻辑推理方面的不足，并表示将继续努力提高。

通过案例分析课程的开设，学生得到了全面的锻炼，提高了对法律问题的理解和处理能力。案例分析课程的实施，不仅可以加深学生对法律知识的理解，还可以培养学生独立思考和问题解决的能力，为其未来的法学研究和实践打下了基础。

（二）引导学生独立思考

教师应该引导学生独立思考，鼓励他们提出自己的观点。通过独立思考，可以培养学生创新思维和学术探索精神。

1.引导学生独立思考的重要性与意义

独立思考是培养学生综合素养的重要环节，它有助于学生发展创新思维和学术探索精神。教师应该引导学生在学习和研究过程中不仅仅局限于接受传授的知识，而是要鼓励学生主动思考、提出问题、寻求答案，培养其解决问题的能力和自主学习的能力。独立思考可以帮助学生形成独立的学术观点，提高学术研究水平，增强对复杂问题的分析能力。

2.引导学生独立思考的方法与策略

开放性问题与案例分析。教师可以提出开放性问题，引导学生进行自由思考和讨论。这些问题可能没有一个确定的答案，需要学生根据自己的知识和理解，提出自己的见解。同时，教师可以运用案例分析的方法，让学生在具体情境中进行独立思考。例如，在法学课程中，教师可以提供一个真实的案例，让学生分析案件存在的法律问题，并提出解决方案，鼓励学生在案例处理中发挥创造力和逻辑思维。

讨论与辩论。教师可以组织学生进行小组讨论和辩论，让学生在团队中交流观点。这种交流和辩论的过程可以激发学生的思维火花，促使他们在思考中不断提高。在讨论和辩论中，教师可以充当引导者的角色，鼓励学生提出问题，激发学生多思考，帮助他们逐步形成独立的观点和论据。

学术写作与研究。学术写作和研究是培养学生独立思考的重要手段。教师可以布置学术论文和研究项目，要求学生进行独立研究和写作。通过学术写作和研究，学生需要深入探讨某个问题，并形成自己的独立见解。在写作和研究的过程中，学生需要查阅大量文献资料，运用所学知识和方法进行分析，可以培养学生批判性思维和学术探索的能力。

3.引导学生独立思考的实例

在"法律伦理学"课程中，教师提出了一个开放性问题："在特定的法律情境下，是否应该绝对遵守法律，还是应该考虑道德因素？"学生被要求在课前对该问题进行自主思考，并在课堂上与同学们进行讨论。在讨论过程中，学生提出了不同的观点和理由，有些学生认为法律是社会的基本准则，应该绝对遵守；另一些学生认为在某些情况下，应该考虑道德因素，对法律进行合理解释。教师引导学生对不同观点进行辩证分析，让学生逐步形成自己的观点并给出充分的论证。

此外，在课程的学术论文项目中，学生也可以选择自己感兴趣的法律伦理问题进行深入研究。在独立进行文献查阅和资料收集的过程中，学生逐渐形成了自己对该问题的看法，并用扎实的理论支持进行论证。在论文答辩环节，学生需要对自己的研究进行阐述和辩护，这进一步促使学生独立思考和学术探索。

通过上述案例，我们可以看出，引导学生独立思考是一项需要教师不断努力的任务。教师应该提供多样化的教学方法和环境，激发学生的学习兴趣和主动性，帮助他们在学习过程中逐步形成独立的学术观点和思维方式。这样的培养策略将有助于学生未来成为具有创新精神和解决问题能力的法学专业人才。

（三）进行团队项目

教师可以组织学生进行团队项目，让学生合作解决复杂问题。在团队项目中，学生可以学会有效的分工合作，共同找到问题的解决方案。

1.团队项目的重要性与意义

团队项目是培养学生团队合作能力和解决问题能力的重要途径。在现实工作中，很多问题都需要团队协作来解决，而团队项目能够帮助学生在学生阶段就学会与他人合作、有效地分工合作、共同解决问题。团队项目能激发学生的创新意识，促使他们在团队合作中不断挑战自我，寻求更好的解决方案。此外，团队项目还能培养学生的沟通能力、协商能力和领导能力，这些都是未来从事法律专业工作所必备的素养。

2.团队项目的设计与实施

团队项目的选题与目标。教师在设计团队项目时，可以选择一些具有一定难度和复杂性的法律问题作为项目的选题。这样的选题能够激发学生的学习兴趣和挑战意识，同时能培养学生的解决问题能力。团队项目的目标可以明确为培养学生团队合作能力和独立解决问题的能力，同时要鼓励学生在项目中发挥创新思维，提出新颖的解决方案。

团队组建与角色分配。在实施团队项目时，教师可以帮助学生组建团队，可以根据学生的兴趣和特长进行合理的角色分配。一个团队通常需要有负责研究和资料收集的成员，负责提出解决方案的成员，负责组织和汇报的成员等。这样的角色分配能够充分发挥每个学生的优势，实现高效的分工合作。

团队项目的实施过程。团队项目的实施过程应该分为多个阶段，每个阶段都有特定的任务和目标。例如，第一阶段可以是问题调研和分析阶段，团队成员需要收集相关资料，对问题进行深入了解。第二阶段可以是解决方案的提出和讨论阶段，团队成员需要充分交流和讨论，共同找到最佳的解决方案。第三阶段可以是方案实施和评估阶段，团队成员需要合作完成方案实施，并对实施效果进行评估和改进。

3.团队项目的实例

在"刑事辩护实践"课程中，教师组织学生进行团队项目，要求学生以某个真实案件为基础，展开综合性的刑事辩护实践。每个团队由 4 名学生组成，分别担任辩护律师、调查员、证人和法官的角色。团队成员需要在团队内进行角色分配，并合作完成案件调研和证据收集。随后，团队成员需要进行角色扮演，进行模拟庭审，进行辩论和辩护。在模拟庭审结束后，团队成员需要进行案件分析和反思，总结经验教训，提出改进意见。通过这样的团队项目，学生不仅可以学会合作解决复杂问题的能力，还可以提高辩论和沟通能力。

通过上述实例，我们可以看出，团队项目对培养学生的团队合作能力和解决问题能力具有重要的作用。教师在实施团队项目时需要合理设计项目内容和目标，引导学生在团队合作中充分发挥各自的优势，共同解决问题。这样的培养策略有助于学生在未来的法律职业中成为优秀的团队领导者和问题的解决者。

（四）提供实践机会

学校可以提供实践机会，让学生参与到实际法律实务中。实践中的问题和挑战可以帮助学生培养问题解决的能力。

1.实践机会的重要性与意义

提供实践机会是培养学生综合素养和实际能力的重要途径。理论知识只有通过实践应用，才能真正转化为实际能力。实践机会能够让学生接触到真实的法律实务，面对实际问题和挑战，从而培养学生的问题解决能力、实践能力和创新意识。同时，实践机会能让学生了解不同领域的法律实践，拓宽学生的国际视野和提高跨文化交流能力。通过实践机会的提供，学生能够更好地融入社会，为未来的法律职业打下坚实的基础。

2.实践机会的设计与安排

与社会机构合作。学校可以与法律事务所、法院、企业等社会机构建立合作关系，为学生提供实践机会。通过与社会机构合作，学生可以参与到真实的法律实务项目中，接触不同领域的法律问题，锻炼实践能力和解决问题的能力。例如，学校可以与一家法律事务所合作，让学生参与到实际案件的研究和辩护中，亲身体验律师的工作。

实习和见习。学校可以安排学生进行实习和见习，让学生在真实工作场景中进行实践。实习和见习的机会可以涵盖不同领域的法律实务，如民事诉讼、刑事辩护、商业合同等。学生可以在实习和见习中与业界专业人士合作，学习他们的工作方法和经验，培养实际工作能力。

参与模拟法庭和竞赛。学校可以组织模拟法庭和法律竞赛，让学生在模拟情境中进行实践。模拟法庭可以让学生扮演法官、律师等角色，进行案件辩论和裁决，锻炼他们的辩论能力和判断能力。法律竞赛可以让学生参与到真实的案件解决中，通过竞赛形式培养学生的竞争意识和合作精神。

3.实践机会的实例

在"国际商法"课程中，学校与一家跨国公司建立合作关系，为学生提供实践机会。在该课程中，学生需要以团队形式参与到跨国公司的一项国际商事合同项目中。学生需要研究该合同的法律条款、解决潜在的法律问题，并提出合理的解决方案。另外，学生还需要与公司的法务团队进行沟通和协商，了解公司的需求和要求。通过这样的实践机会，学生不仅会学到国际商法的实际应用，还会提高团队合作和解决问题的能力。

通过上述实例，可以看出实践机会对学生的综合素养和实际能力的培养有着重要的作用。学校应该积极与社会机构合作，安排学生参与到实际法律实务中，为学生提供多样化的实践机会。通过实践，学生能够全面发展，为未来的法律职业奠定坚实的基础。

三、跨文化交流与国际视野

在全球化时代，跨文化交流和国际视野对于法学专业学生至关重要。学生需要具备跨文化交流的能力，了解不同国家和文化背景下的法律制度和实践。为促进学生的跨文化交流和拓宽国际视野，可以采取以下策略：

（一）引入国际法课程

学校可以引入国际法课程，让学生了解国际法的基本原则和相关案例。通过学习国际法，学生可以拓宽国际视野，了解国际法律体系和国际法律实务。

1. 引入国际法课程的重要性与意义

引入国际法课程对培养法学专业学生的综合素养和国际视野具有重要的意义。国际法是研究各国之间关系的法律规范和原则，它涵盖了国际合约、国际公法、国际私法等多个领域，涉及国际组织、国际争端解决、人权保护等重要议题。通过学习国际法，学生可以了解国际社会的法律规范和机制，拓宽视野，了解全球事务的复杂性和多样性，为未来从事国际法律事务或跨国业务打下坚实的法律基础。

2. 国际法课程的设计与内容

国际法基本原则。国际法课程应该首先介绍国际法的基本原则和概念，包括国际法的来源、特征、主体、目的和原则等。学生需要了解国际法与国内法的区别，理解国际法在国际社会中的地位和作用。

国际法律体系。国际法课程应该涵盖国际法律体系的内容，包括国际法的主要法律文书和国际组织的法律框架。学生需要了解联合国宪章、国际法院的判例和其他国际公约的内容，了解国际组织的法律结构和功能。

国际法律实务。除了理论知识，国际法课程还应该涉及实际案例和国际法律实务。通过学习具体的案例，学生可以了解国际法在实际问题中的应用和解决方法。例如，学生可以分析国际争端解决的案例，了解国际法院的裁决和仲裁机制，深入探讨国际法在维护国际和平与安全中的作用。

3. 国际法课程的实例

在"国际法"课程中，学生将学习国际法的基本原则、国际法律体系以及国际法律实务。在课程中，教师将引导学生阅读国际公约和国际法院的判例，组织学生进行案例分析和讨论，鼓励学生提出自己的观点和见解。同时，教师可以邀请国际法领域的专业人士来校园举办讲座和交流，让学生与业界专业人士接触，了解国际法的实际适用范围。

通过上述实例，可以看出引入国际法课程对培养学生国际视野和法学专业能力具有重要意义。学校应该设计合理的课程内容，结合实际案例和国际法律实务，培养学生对国际法的深刻理解和应用能力。同时，学校可以积极开展学术交流活动，邀请国际法领域的专家来校园举办讲座和研讨，为学生提供更广阔的学术交流平台，为学生的综合素养培养和未来的职业发展奠定坚实的基础。

（二）交换学生项目

学校可以与国外高校建立交换学生项目，鼓励学生参与国际交流。在国外学习和生活的经历，可以帮助学生适应不同的文化环境，增强跨文化交流的能力。

1.交换学生项目的重要性与意义

交换学生项目是一种促进国际交流与合作的重要途径，对培养学生的国际视野和跨文化交流能力具有重要的意义。通过参与交换学生项目，学生有机会走出国门，亲身体验不同国家或地区的文化、教育体系和社会环境，拓宽视野，增长见识。这样的国际交流体验可以让学生更深刻地理解世界的多样性，培养跨文化交流与合作的能力，为参与未来的国际事务和全球化时代的职业生涯做好准备。

2.建立交换学生项目的策略与步骤

寻找合作伙伴高校。学校可以积极寻找国外高校作为交换学生项目的合作伙伴。寻找合适的合作伙伴需要考虑多个方面，包括教育水平、学科专业、文化背景等。合作伙伴高校应该与本校有一定的学科交叉性，以便学生在交换期间能够顺利转换学分和学习相关课程。

签署合作协议。在确定合作伙伴后，学校与国外高校可以签署交换学生项目的合作协议。合作协议应该明确双方的权利与义务，包括学生的选派标准、学习计划、生活保障等内容。同时，合作伙伴高校可以派遣学生来本校进行学习交流，实现双向的交换与合作。

设立交换学生计划。学校可以设立专门的交换学生计划，招募有意愿参与交换的学生。学生可以根据自己的学习目标和兴趣选择合适的交换学校。学校可以设置奖学金和补助措施，鼓励更多学生参与交换项目。

提供支持与指导。在学生参与交换项目的过程中，学校应该提供必要的支持与指导。包括办理签证手续、提供交换生宿舍或住宿信息、提供海外留学指导等。另外，学校还可以组织交换学生的前期培训，帮助学生适应国外的学习和生活环境。

3.交换学生项目的实例

学校 A 与美国某大学建立了交换学生项目，每年互派若干名学生进行交流学习。学校 A 的法学专业学生小明报名参加了该项目，被选派到美国大学进行一学期的交流学习。

在美国大学的学习期间，小明学习了多门国际法课程，了解了美国法律体系和国际法律实务。他还参与了该学校的国际法研讨会，与来自不同国家的学生进行了深入的学术交流。在课余时间，小明积极参加该学校的文化活动和社交活动，与美国本地学生建立了深厚的友谊。通过交换学生项目，小明拓宽了国际视野，提高了英语交流能力和跨文化交流能力，为未来从事国际法律事务打下了坚实的基础。

通过上述实例，可以看出交换学生项目对学生的综合素养和国际视野的培养具有重要的意义。学校应该积极推动交换学生项目的建设，与国外高校建立合作关系，为学生提供更广阔的国际交流平台。同时，学校应该提供全方位的支持与指导，帮助学生顺利参与交换学生项目，实现个人的发展。通过这样的努力，学校可以为学生国际竞争力的提高和全球视野的培养做出贡献。

（三）组织国际交流活动

学校可以组织国际交流活动，邀请外国专家学者来校进行讲座和学术交流。同时，学校可以组织学生参加国际学术会议和竞赛，让学生有机会与来自不同国家的学生进行交流和合作。

1. 国际交流活动的重要性与意义

举办国际交流活动是促进学术交流与合作的重要途径，对学校和学生都具有重要的意义。通过邀请外国专家学者来校进行讲座和学术交流，学生可以接触到国际前沿的学术研究成果，了解不同国家或地区的学术发展动态，拓宽学术视野。同时，国际交流活动为学生提供与来自不同国家的学生进行交流和合作的机会，培养跨文化交流与合作的能力，增强学生的全球意识与国际竞争力。

2. 组织外国专家学者讲座和学术交流

学校可以邀请国际知名的法学专家、学者来校进行讲座和学术交流。专家学者可以分享他们的学术研究成果和经验，学生可以从中获取学习启示，了解国际法学的前沿动态。此外，学校还可以组织学生与专家学者进行面对面的学术交流，提出并讨论问题，促进学术思想的碰撞与交流。

3. 组织国际学术会议和竞赛

学校可以组织国际学术会议，邀请国际学者和研究者来校参会。学生可以参与会议的组织和筹备工作，与国际学者进行交流，向他们展示自己的研究成果。参与国际学术会议不仅可以提高学术交流与沟通的能力，还有助于学生建立国际学术合作的网络。

此外，学校还可以组织学生参加国际学术竞赛。参加国际学术竞赛可以让学生在与国际同龄人竞争中锻炼自己，发现自身的不足，不断提高学术水平和竞争力。同时，学生可以与来自不同国家的学生一起参加团队竞赛，进行合作与协作，培养团队合作与领导能力。

4. 成功案例：国际法学生交流活动

学校 X 与美国、英国、法国等多个国家的法学院建立了交流合作关系。每年，学校 X 会派遣一批优秀的法学生前往上述国家的法学院进行学习交流，同时会接待这些国家的法学院学生来校交流。在交流期间，学生将参加各国法学院组织的讲座、研讨会和学术论坛，与国际专家学者进行深入学术交流。此外，学生还将参观当地法院和律师事务所，了解这些国家的法律实践。

在这些交流活动中，学生们可以结识来自不同国家的同龄学生，一起进行学习和社交活动。通过这样的国际交流，学生拓宽了国际视野，加深了对国际法的认识，增强了跨文化交流与合作的能力。同时，学生可以与国外的学者建立联系，为以后的学术研究和国际合作奠定了基础。

总结起来，学校通过举办国际交流活动，可以让学生深入了解国际法学领域的前沿研究和发展动态，培养跨文化交流与合作的能力，提高学生的国际竞争力。同时，国际交流活动还有助于促进学校与国外高校的学术合作，提升学校的国际影响力和知名度。因此，学校应该积极推动国际交流活动的开展，为学生的学术成长与发展提供更广阔的平台。

（四）多语言学习

学校可以提供多语言学习的机会，让学生掌握其他国家的语言。多语言能力可以帮助学生更好地与外国人进行沟通和交流，拓宽国际视野。

1. 多语言学习的重要性与意义

随着全球化的不断推进，多语言能力在现代社会中变得越发重要。学校提供多语言学习的机会可以帮助学生掌握其他国家的语言，从而实现跨文化交流与合作。多语言能力不仅可以提高学生在国际舞台上的竞争力，还可以帮助他们更好地理解不同文化、习俗和传统，从而增强国际视野，拓展认知边界。

2. 提供多语言学习机会的方式与方法

学校可以通过多种方式为学生提供多语言学习的机会。首先，学校可以开设外语课程，教授主要的国际通用语言，如英语、法语、西班牙语等。此外，学校还可以设置选修课程，让学生有机会学习其他少数民族语言或特定领域的专业语言，以满足不同学生的需求。同时，学校可以鼓励学生参与语言交换项目或海外交流，让学生有机会到其他国家学习和生活，全面提高语言应用能力。

3. 多语言学习的实际应用价值

多语言学习的实际应用价值在于为学生提供更广阔的发展空间。首先，多语言能力可以为学生在职场中带来竞争优势。随着企业国际化的发展，掌握多种语言的员工在跨国企业和国际组织中更受欢迎，他们可以更好地与外国客户和合作伙伴进行沟通交流，促进商务合作和文化交流。其次，多语言能力可以为学生提供更多的求职机会。许多企业和机构都对掌握多种语言的求职者表示青睐，这可以为学生创造更多的就业选择。

4. 成功案例：学校多语言学习项目

学校 Y 在课程设置上注重培养学生的多语言能力。除了普通的英语教学，学校 Y 还开设了法语、德语、日语等选修课程，让学生有机会学习其他主要的国际语言。此外，学校 Y 与一些外国高校建立了语言交换项目，每年会有一批学生前往海外学校学习一段时间，从而可以提高他们的语言应用能力和跨文化交流能力。

在学校 Y 的多语言学习项目中，学生都取得了显著的进步。他们的英语水平得到了大幅提高，同时学会了其他语言，如法语和日语。在参与语言交换项目后，学生不仅提高了语言沟通能力，还结交了许多国际朋友，增进了对其他国家文化的了解。这些学生在毕业后都找到了满意的工作，许多人选择在跨国企业或国际组织工作，发展前景广阔。

多语言学习是培养学生国际视野和跨文化交流能力的重要手段。学校应该提供多样化的多语言学习机会，鼓励学生积极参与，提高语言应用能力和跨文化合作能力。通过多语言学习，学生可以更好地融入国际社会，为自己的未来发展打下坚实的基础。

（五）加强国际合作

学校可以与国外高校、国际组织和跨国企业加强合作，开展共同的研究项目和实践活动。国际合作可以促进学术交流和资源共享，为学生提供更广阔的发展平台。

1. 国际合作的重要性与意义

加强国际合作是现代高等教育的必然趋势。国际合作可以促进学术交流与合作，实现知识资源的共享与互补。通过与国外高校、国际组织和跨国企业合作，学校可以引进先进的教育理念、教学方法和研究成果，为学生提供更广阔的发展平台。同时，国际合作可以促进文化交流与理解，培养学生的国际视野和跨文化交流能力，增强学生的全球意识和竞争力。

2. 与国外高校的学术合作

学校可以与国外高校建立学术合作项目，开展共同的研究与教学活动。例如，学校可以与知名的国外大学合作开设双学位项目，让学生有机会在两个国家的高校学习和交流，获得两个国家的学位。此外，学校还可以与国外高校共同申请国际研究项目，开展联合研究，共同解决全球性问题，提高学校的学术影响力。

3. 与国际组织的合作

学校可以与国际组织合作开展项目，参与国际事务的研究和实践。例如，学校可以与联合国机构合作，参与国际法律和人权领域的研究与实践。此外，学校还可以与国际非政府组织合作，开展公益项目，为国际社会做出贡献，培养学生的社会责任感与公益精神。

4. 与跨国企业的合作

学校可以与跨国企业合作开展实践项目，让学生有机会参与实际业务和项目，锻炼实践能力和解决问题的能力。例如，学校可以与跨国企业合作开展企业顾问项目，让学生担任企业顾问，为企业提供法律咨询和解决方案。此外，学校还可以与跨国企业合作开展社会责任项目，让学生参与企业的社会公益活动，培养学生的社会责任感与领导力。

5. 成功案例：学校 X 的国际合作项目

学校 X 与美国一所大学建立了学术合作项目，开设了双学位项目。该项目允许学校 X 的学生在本校完成一定学分后，有机会到美国合作大学学习一年，并获得双方学校颁发的双学位。该项目不仅提高了学校 X 学生的国际竞争力，还促进了中美两国教育资源的共享和交流。许多学生在参与双学位项目后，都获得了国内外知名企业的青睐，成为跨国企业中的重要人才。

加强国际合作是学校提高教育质量和国际影响力的重要途径。学校应积极寻求与国外高校、国际组织和跨国企业的合作，开展学术交流与合作项目，拓宽学生的国际视野和实践经验。通过国际合作，学校可以为学生提供更广阔的发展平台，培养具有国际竞争力和全球意识的高级法律人才。

培养法学专业学生的综合素养需要学校和教师共同努力，提供多样化的教学方法和实践机会。通过加强语言表达与写作能力、创新思维与解决问题能力、跨文化交流与国际视野，可以使法学专业学生全面发展，成为具有国际竞争力的法学人才。

第三节　法学专业学生跨学科能力的提升

一、跨学科课程的设置与实施

跨学科能力是指学生能够在多个学科领域之间灵活应用知识和技能，解决复杂问题的能力。为了提升法学专业学生的跨学科能力，学校可以设计并实施跨学科课程。这些课程可以涵盖法学与其他学科的交叉领域，如经济学、政治学、社会学、心理学等。

（一）确定课程目标

在设计跨学科课程时，明确课程目标是十分重要的一步。跨学科课程的目标应该从多个方面来考虑，以确保学生在学习过程中能够得到全面的发展和提升。以下是跨学科课程目标的具体内容：

1.培养学生的综合分析和解决问题的能力

跨学科课程的首要目标是培养学生综合运用不同学科知识和方法分析问题和解决问题的能力。这包括学生学会从多学科角度看待问题，利用不同学科的理论和实践进行综合分析，提出切实可行的解决方案。

学生应具备综合分析问题的能力。跨学科课程应该通过案例分析、小组讨论等教学方法，培养学生从多个角度分析问题的能力。例如，学生可以结合法学、经济学和社会学等学科的知识，探讨一个社会问题的成因和影响，从而提出解决方案。

学生应具备解决复杂问题的能力。跨学科课程应该设置一些复杂的问题情境，让学生在实践中综合运用不同学科的知识解决问题。这有助于学生培养处理复杂问题的能力，提高解决问题的效率和准确性。

2.促进不同学科领域之间的交流和合作

跨学科课程不仅仅是将不同学科的内容拼凑在一起，更重要的是促进不同学科之间的交流和合作。这有助于打破学科之间的壁垒，促进知识的跨学科传递和交流。

学生应具备跨学科合作能力。跨学科课程可以通过小组合作、学科交流等方式，培养学生与来自不同学科背景的同学进行合作的能力。例如，法学专业的学生可以与工程学专业的学生一起合作，共同解决环境保护领域的问题。

学生应具备学科交流和合作的意识。跨学科课程应该引导学生认识到不同学科之间的相互关系和相互依赖。学生应该学会尊重其他学科的知识和观点，主动参与学科交流与合作。

3.拓宽学生的学术视野和思维方式

跨学科课程应该帮助学生拓宽学术视野，增加学生对不同学科的了解和认知。同时，跨学科课程可以培养学生跨学科思维，培养学生从多学科角度思考问题的能力。

学生应具备学科综合应用能力。跨学科课程应该引导学生将不同学科的知识和方法相结合，解决现实问题。例如，学生可以从法学、医学和伦理学等学科的角度探讨医疗伦理的问题。

学生应具备学科拓展思维。跨学科课程应该引导学生超越学科边界，拓宽学术视野。例如，学生可以了解到法学与艺术、心理学等学科之间的关联，形成对学科交叉的理解和兴趣，从而进一步拓展学术思维。

4. 培养学生的跨文化意识和国际视野

跨学科课程应该培养学生的跨文化意识和国际视野。学生应该能够了解不同文化背景下的法律体系和法律问题，拓宽国际合作与交流的视野。

学生应具备跨文化意识。跨学科课程可以通过案例分析、国际合作项目等方式，培养学生对不同文化背景下法律问题的理解和认知。例如，学生可以了解到不同国家的法律体系和司法实践的差异。

学生应具备国际视野。跨学科课程应该引导学生关注国际问题，了解国际法律体系和国际法律合作的重要性。例如，学生可以学习国际法律规则和国际组织的功能，深入了解国际社会的运作机制。

（二）确定课程内容

跨学科课程的内容应该涵盖法学和其他学科的相关内容，并在教学设计中体现出学科之间的交叉和融合。以下是跨学科课程内容的一些建议：

环境法与可持续发展。该课程可以将法学与环境科学、经济学等学科内容结合起来，探讨环境保护与可持续发展之间的关系。学生可以了解到环境法律制定和执行的过程，环境政策对经济发展和社会进步的影响，以及如何在法律层面促进可持续发展。

知识产权与创新。该课程可以将法学与知识产权保护、创新管理等学科内容结合起来，探讨知识产权在促进创新和科技进步中的作用。学生可以了解知识产权的法律保护机制，了解创新管理的实践经验，以及如何在保护知识产权的同时促进科技创新。

国际法与全球治理。该课程可以将法学与国际关系、政治学等学科内容结合起来，探讨国际法在全球治理中的地位和作用。学生可以了解国际法的发展历程，了解国际法律的实践应用，以及如何通过国际法促进国际社会的稳定和发展。

法律与人工智能。该课程可以将法学与计算机科学、伦理学等学科内容结合起来，探讨人工智能发展中的法律问题和伦理挑战。学生可以了解到人工智能技术的法律监管和规范，了解人工智能在社会中的合理应用和潜在风险。

法律与人类健康。该课程可以将法学与医学伦理、公共卫生学等学科内容结合起来，探讨人类健康领域的法律问题。学生可以了解到医疗法律的法律规制和实践应用，了解公共卫生政策在法律层面的支持和保障。

二、跨学科研究与项目合作

除了跨学科课程的设置与实施，跨学科研究与项目合作也是提升法学专业学生跨学科能力的重要途径。以下是一些方法和建议，可用于推动跨学科研究与项目合作：

（一）跨学科研究中心

学校可以建立跨学科研究中心，汇聚不同学科领域的专家和学生。研究中心可以设立跨学科项目，鼓励学生参与多学科合作研究，解决复杂的学术和社会问题。

1.建立跨学科研究中心的重要性与意义

跨学科研究中心是一个集聚不同学科专家和学生的机构，旨在促进学科之间的交流与合作，推动跨学科研究的发展。建立跨学科研究中心对提升法学专业学生的跨学科能力具有重要的意义。

提供跨学科研究平台。跨学科研究中心可以为学生提供一个跨越学科界限的平台，让不同学科的学生可以相互交流与合作。这有助于学生拓宽学术视野，了解其他学科的理论与方法，培养跨学科思维能力。

促进学科交叉与融合。通过跨学科研究中心，不同学科的专家可以在共同的研究领域展开合作。这样的交叉与融合能够推动学科之间的相互借鉴与融合，形成新的研究领域和新的学科发展方向。

解决复杂问题。很多现实世界的问题是复杂的，涉及多个学科领域。跨学科研究中心的合作可以集聚不同学科的优势，共同解决这些复杂问题，提供更全面和有效的解决方案。

培养团队合作能力。跨学科研究中心的合作需要学生具备团队合作能力。学生通过与不同学科的同伴合作，学会有效沟通、协调与合作，提高团队合作的能力。

2.跨学科研究中心的组建与管理

组建团队。建立跨学科研究中心需要组建跨学科的教师团队，涵盖不同学科领域的专家和学者。这些教师应该具有较高的学术水平和研究经验，能够在跨学科合作中发挥引领和带动作用。

设立研究方向。研究中心可以设立一些具有代表性的跨学科研究方向，吸引学生和教师参与。例如，法学与经济学的交叉研究、法学与社会学的交叉研究等。

制定管理机制。跨学科研究中心应该建立科学的管理机制，明确研究项目的选择与评审流程，规范研究中心的日常运作。同时，为跨学科合作提供必要的经费和资源支持。

加强学术交流。研究中心可以定期组织学术交流活动，如学术研讨会、研究报告会等，鼓励教师和学生分享研究成果和经验，加强学术交流与合作。

建立合作网络。跨学科研究中心可以与其他学校或研究机构建立合作网络，开展联合研究项目。这样的合作网络可以拓展研究中心的影响力和合作资源。

（二）跨学科导师指导

为了支持学生的跨学科研究和项目合作，学校可以指派跨学科导师进行指导。导师可以来自不同学科领域，为学生提供专业指导和学术支持。

1.跨学科导师指导的重要性与意义

跨学科导师指导是促进学生跨学科研究和项目合作的重要手段。由于跨学科研究涉及多个学科领域的知识和方法，学生在进行跨学科研究时可能面临诸多挑战。因此，有经验丰富、跨学科背景的导师进行指导，对学生的学术成长和研究项目的成功非常关键。

提供学科知识支持。跨学科导师通常具有多学科背景，能够为学生提供各个学科领域的专业知识支持。在学生进行跨学科研究时，导师可以指导学生理解并整合不同学科的理论和方法，避免学科边界的限制。

引导研究方向。跨学科导师可以根据学生的兴趣和能力，引导学生选择适合的跨学科研究方向。导师的经验和指导可以帮助学生确定研究问题的重要性和可行性，并可以为学生提供研究设计的建议。

协助解决问题。在进行跨学科研究时，学生可能会面临学科交叉带来的问题和难点。跨学科导师可以协助学生解决这些问题，提供解决思路和方案。

培养学术素养。跨学科导师指导不仅关注学生的研究成果，还注重培养学生的学术素养。导师可以教授学术规范、论文写作技巧、学术交流能力等，帮助学生成为全面发展的人才。

促进学科交流。跨学科导师通常有较丰富的学科交流经验，能够引导学生积极参与学术交流活动，增进不同学科之间的对话与合作。

2.跨学科导师指导的实施方法

导师指派与选择。学校可以根据学生的研究方向和兴趣，从不同学科领域中选派合适的导师对其进行指导。导师的选择应考虑其在相应学科领域的专业背景和研究经验，以确保对学生进行有效的跨学科指导。

研究团队组建。在跨学科研究项目中，学生通常需要与其他学科的同伴合作。跨学科导师可以组建研究团队，由不同学科背景的学生共同参与研究。这样的团队合作有助于学生学习和运用其他学科领域的知识与技能。

研究计划与进度管理。跨学科导师应与学生一起制订研究计划，并定期检查研究进展。导师可以帮助学生合理安排研究时间，确保研究项目按时完成。

学术交流与反馈。导师可以鼓励学生积极参与学术交流活动，如学术研讨会、学术报告等。同时，导师应定期与学生进行关于研究进展的讨论与反馈，帮助学生解决研究中遇到的问题。

激励与奖励。学校可以设立相应的激励机制，鼓励跨学科导师进行指导。例如，可以给予导师教学奖励或学术荣誉，以表彰其在跨学科教育中的贡献。

（三）跨学科项目竞赛

学校可以组织跨学科项目竞赛，鼓励学生团队参与。竞赛可以提供一个创新交流的平台，激发学生的创新思维和提高解决问题能力。

1.跨学科项目竞赛的意义与目的

跨学科项目竞赛是为了鼓励学生跨学科合作，促进不同学科领域的交流与融合，激发学生的创新思维和提高解决问题能力而举办的竞赛活动。通过这样的竞赛，学校可以达到以下目的。

提升跨学科能力。参与跨学科项目竞赛的学生需要从不同学科领域中汲取知识和技能，进行学科之间的有效融合。这有助于学生形成跨学科思维和提高解决复杂问题的能力。

拓宽学术视野。跨学科项目竞赛为学生提供了一个学术交流与展示的平台。学生可以借此机会了解其他学科领域的最新研究成果和创新思想，拓宽自己的学术视野。

培养团队合作精神。跨学科项目竞赛通常需要学生组成团队进行合作。在团队合作的过程中，学生需要相互协调、分工合作，培养团队合作精神和沟通能力。

鼓励创新与实践。跨学科项目竞赛鼓励学生从实际问题出发，提出创新性的解决方案，并进行实践验证。这有助于培养学生的创新意识和实践能力。

2.跨学科项目竞赛的组织与管理

确定竞赛主题。学校可以根据学科发展和学生兴趣，确定跨学科项目竞赛的主题。主题应该具有一定的广度，能够吸引不同学科领域的学生参与。

组织竞赛团队。学校可以成立竞赛组织团队，负责竞赛的筹备与组织工作。团队成员可以包括跨学科研究中心的教师、学生会成员和学校管理人员。

招募参赛团队。学校可以向全体学生宣传竞赛信息，鼓励学生组建参赛团队。为了保证团队的跨学科性，可以要求每个团队至少包含两个不同学科领域的学生。

提供资源支持。学校应提供必要的资源支持，包括竞赛场地、设备、经费等。同时，学校可以为优秀团队提供导师指导、学术交流等支持。

设立评审机制。竞赛的评审应该由跨学科专家组成的评委会进行。评审标准应包括学术水平、创新性、实践成效等方面。

举办竞赛活动。学校可以在学年末或学期末举办跨学科项目竞赛活动。比赛形式可以包括现场答辩、项目展示等。

（四）跨学科实践项目

学校可以推动跨学科实践项目的合作，让学生在实践中跨学科合作。例如，法学专业的学生可以与其他学科的学生一起参与社会调查、政策研究、社区服务等项目，共同解决实际问题，提高跨学科合作的能力。

1.跨学科实践项目的重要性与意义

跨学科实践项目是指学生在实际应用场景中，跨越学科界限，与来自不同学科背景的学生合作，共同解决实际问题或提供服务的项目。这样的实践项目对提高学生的跨学科合作能力具有重要的意义。

综合应用学科知识。通过跨学科实践项目，学生可以将不同学科领域的知识和技能综合应用于实际问题的解决。这有助于学生理解学科之间的相互关系，形成全面的学科素养。

培养跨学科思维。跨学科实践项目要求学生跳出单一学科的视角，从多学科的角度思考问题。这可以培养学生的跨学科思维和创新能力，使他们能够综合运用各学科的知识解决问题。

提高团队合作能力。跨学科实践项目通常需要学生组成多学科的团队进行合作。学生在团队中学会相互协作、协调分工，可以提高团队合作和沟通能力。

解决实际问题。跨学科实践项目通常针对真实的社会问题或需求，学生参与其中能够为解决现实问题做出贡献。这使得学生的学习和研究有更加深刻的意义。

2.跨学科实践项目的设计与实施

确定项目主题。学校可以根据学科发展和社会需求，确定跨学科实践项目的主题。主题应该具有一定的实践意义，能够吸引学生的参与。

组建跨学科团队。跨学科实践项目通常需要学生组成跨学科的团队。学校可以鼓励学生自愿组队，也可以由教师根据学生的兴趣和专业背景进行组队。

设计项目计划。项目计划应明确项目的目标、任务分工、时间安排等。同时，项目计划还应考虑学生的学科背景，合理分配任务和角色。

提供导师指导。学校可以为跨学科团队指派相应的导师进行指导。导师可以根据团队的实际情况，提供学科知识支持和实践经验指导。

提供资源支持。跨学科实践项目通常需要一定的资源支持，包括实验设备、经费、数据收集等。学校应提供必要的资源支持，确保项目的顺利实施。

进行成果评估。项目完成后，学校可以对项目的成果进行评估。评估标准可以包括项目成果的学术水平、解决问题的实际效果等。

3.跨学科实践项目的实例

在某大学，学校推出了一个名为"城市可持续发展调查与规划"的跨学科实践项目。该项目旨在探索城市规划与环境保护领域的交叉研究，涉及法学、建筑学、环境科学等多个学科。参与项目的学生团队由这些不同学科的学生组成。

在项目中，团队成员首先共同确定了研究目标，即调查某城市的可持续发展状况，发现其中存在的环境问题，并提出改善城市规划与环境保护的建议。随后，团队成员根据各自的学科背景，分工协作，展开调查与研究。

法学专业的学生负责研究相关法律法规，了解城市规划和环境保护的法律政策要求。建筑学专业的学生负责收集城市规划与建设的相关资料，分析城市建设对环境的影响。环境科学专业的学生负责采集环境数据，进行环境评估。

在团队合作中，经成员协商，形成综合性的调查与研究报告。最终，该团队成功完成了一份跨学科的城市可持续发展调查与规划报告。这份报告综合考虑了法律、建筑和环境等多个方面的因素，提出了一些建设性的城市规划与环境保护建议，得到了学校和相关部门的高度评价。

通过这样的跨学科实践项目，学生不仅可以在实践中深化了对各自学科的认识，还可以培养团队合作与跨学科合作的能力。同时，这样的实践项目可以为城市可持续发展问题的解决提供有益的参考和建议。

4. 跨学科实践项目的影响与成效

跨学科实践项目对学生、学校和社会都具有积极的影响与成效。

学生受益。参与跨学科实践项目的学生可以在实践中全面发展，提高学科知识的综合运用能力，拓宽学术视野和跨学科思维。同时，他们可以在团队合作中培养沟通与协调能力，增强解决问题的能力。

学校发展。跨学科实践项目促进了学校不同学科间的交流与合作。这有助于学校打破学科壁垒，形成跨学科的研究氛围，推动学科发展和学校整体水平的提升。

社会影响。跨学科实践项目通常关注真实的社会问题和需求，可以为社会发展提供有益的解决方案和服务。学生的实践成果可以为社会决策提供参考，推动社会进步与发展。

政策研究与社会服务。法学专业的学生可以与其他学科的学生合作，进行政策研究与社会服务项目。例如，法学专业的学生与社会学专业的学生合作，对某一社会问题进行调查与分析，并提出政策建议。这样的项目既涉及法律政策的研究，又考虑了社会问题的实际情况，为社会发展提出了有针对性的政策建议。

第七章　高校法学专业教师发展与教学改革

第一节　法学专业教师的专业素养要求

一、学科知识与教学能力

（一）学科知识要求

作为法学专业教师，首要的专业素养要求是深厚的学科知识。教师应该拥有广泛而扎实的法学知识，包括宪法学、刑法学、民法学、行政法学、经济法学等多个学科领域的知识。同时，教师应该对相关法学领域的最新发展和研究成果保持关注，不断更新学科知识，保持学科知识的前沿性和先进性。

（二）教学能力要求

除了丰富的学科知识，教师还应该具备优秀的教学能力。教学能力包括教学设计、教学组织、教学实施、教学评估等多个方面。教师应该能够根据学科特点和学生需求，设计富有启发性和互动性的教学方案。在教学过程中，教师应该善于引导学生主动参与，培养学生的学习兴趣和学习能力。此外，教师还应该能够对学生的学习情况进行及时评估和反馈，帮助学生不断提高学习效果。

（三）实践教学要求

法学专业强调理论与实践相结合，因此教师还应该具备一定的实践教学能力。教师可以通过案例教学、模拟法庭、实地考察等方式，将学科理论与实际问题相结合，帮助学生理解和运用法学知识。实践教学可以提高学生的综合应用能力和解决问题能力，培养学生在实际工作中的实践能力。

二、学术研究与科研能力

（一）学术研究能力要求

作为法学专业教师，具备优秀的学术研究能力是必不可少的。教师应该能够熟练掌握学术研究的方法和技巧，能够进行独立的学术研究工作。教师应该有较强的学术研究意识，对学科发展和学术问题保持敏锐的观察与洞察力。此外，教师还应该能够撰写高质量的学术论文，参与学术会议和研讨活动，积极交流学术思想和研究成果。

（二）科研项目申报与管理

教师应具备科研项目申报和管理的能力。教师可以积极参与科研项目的申报工作，寻找适合自己研究方向的项目，撰写项目申请书，并按照科研项目的要求进行科学管理和实施。科研项目的开展不仅可以为教师提供更多的学术研究机会，还能够促进学科发展和学校科研水平的提升。

（三）跨学科研究与合作

跨学科研究在法学领域中越来越受到重视，教师应该具备跨学科研究与合作的能力。教师可以积极与其他学科的教师合作，共同开展跨学科研究项目。跨学科研究可以为学科的发展带来新的思路和视角，丰富学科的研究内容，提高学科的学术影响力。

三、教学团队协作与师德建设

（一）教学团队协作能力要求

作为法学专业教师，应该具备优秀的教学团队协作能力。在教学团队中，教师应该积极参与教学团队的组织和协调工作，共同制定教学计划和教学目标。同时，教师应该与其他教师共同备课，分享教学资源和经验，相互促进，共同提高教学质量。

（二）师德建设要求

教师作为学生的榜样和引路人，应该具备良好的师德。教师应该严格遵守教师职业道德准则，始终以身作则，树立良好的师生关系。以下是师德建设要求的几个方面：

1.诚实守信

教师应该坚守诚信，言行一致，言谈举止要符合教师职业道德准则。在教学和科研过程中，教师要坦诚与学生交流，不隐瞒学术信息，不伪造数据，不剽窃他人成果，树立学术诚信的榜样。

2.关心学生

教师应该关心学生的学习和生活情况，关注学生的发展。教师应该积极倾听学生的问题和困惑，耐心解答学生的疑问，为学生提供必要的帮助和指导。

3.尊重学生

教师应该尊重学生的个性和差异，不歧视学生，不对学生进行人身攻击。教师应理解学生的需求和情感，鼓励学生发展自己的特长和优势。

4.勤勉敬业

教师应该勤勉敬业，不懈怠，不推卸责任。教师应认真备课，精心组织教学，提供高质量的教学服务。同时，教师应该积极参与学校的教学改革和建设，为学校的发展贡献力量。

5.自我完善

教师应该不断自我完善，提高专业水平和教学能力。教师可以通过继续学习、参加学术研讨、交流探讨等方式，不断提高自己的学术造诣和教学水平。同时，教师应该关注学科的最新发展和研究成果，保持学科知识的更新和先进性。

（三）激励学生学习的能力

优秀的法学专业教师应该具备激励学生学习的能力。激励学生学习不仅仅是传授知识，更重要的是激发学生的学习兴趣和学习动力，引导学生主动参与学习，形成自主学习的能力。以下是激励学生学习的几个方面：

1. 设计启发性教学

教师可以采用启发性教学方法，设计富有趣味性和启发性的教学活动，引导学生主动探索和发现知识，激发学生的学习兴趣。

2. 激发学生学习动力

教师可以通过讲述学科知识的应用场景和实际案例，让学生看到学习的意义和价值，激发学生的学习动力。

3. 鼓励学生表现

教师应该及时肯定学生的学习成绩和表现，给予鼓励和奖励。激励可以是积极评价，也可以是奖学金、奖励等形式，让学生感受到自己的努力和进步得到认可。

4. 指导学生学习方法

教师应该指导学生养成科学合理的学习方法，帮助学生建立正确的学习态度和学习习惯。教师可以通过学习技巧讲座、学习方法辅导等方式，帮助学生掌握有效的学习策略和方法。

5. 鼓励学生创新

教师应该鼓励学生进行创新学习，鼓励学生提出新的观点和解决问题的方法。教师可以支持学生参加学术研究和科技创新项目，并提供必要的指导和帮助。通过鼓励学生创新，培养学生的创新意识和创新能力。

法学专业教师的专业素养要求包括学科知识与教学能力、学术研究与科研能力、教学团队协作与师德建设等多个方面。优秀的法学专业教师应该拥有深厚的学科知识，具备优秀的教学能力，积极参与学术研究和科研项目，与其他学科教师进行合作研究，树立良好的师德，鼓励学生学习，促进学生全面发展。

第二节　教师发展与教学改革的支持体系

一、培训与学术交流机制

（一）教师培训计划

学校应该制订全面的教师培训计划，以支持教师的发展与教学改革。这个培训计划应该是一个长期的规划，涵盖不同层次、不同领域的培训内容，以满足教师的不同需求和发展阶段。培训计划可以包括以下几个方面：

教学方法与教学设计。培训教师在教学方法上的掌握和教学设计的能力，包括如何采用有效的教学策略、如何设计教学活动、如何评估学生学习成果等。教师可以参加教学方法的培训课程，通过教学案例分享和教学实践演示，提高自己的教学水平。

学科前沿知识。学校可以组织专家学者进行学科前沿知识的讲座和学术研讨，让教师了解最新的学科发展和研究动态。这有助于教师保持学科教学内容的更新和提高学科研究水平。

科研方法与科研项目管理。培训教师科研方法，包括科研设计、数据分析、实验操作等技能。同时，学校可以提供科研项目管理方面的培训，让教师能够更好地策划和管理科研项目。

教学技术应用。随着教学技术的不断发展，学校可以开设教学技术应用的培训课程，培养教师运用现代教育技术的能力。这包括教学平台的使用、教学视频制作、在线教学等方面。

跨学科思维与合作能力。针对法学专业的跨学科特点，学校可以组织跨学科培训，让教师学习其他学科的知识和方法，培养教师的跨学科思维和合作能力。

（二）学术交流平台

学校可以建立多样化的学术交流平台，为教师提供展示和交流的机会。以下是一些建设学术交流平台的措施：

学术研讨会和学术报告。学校可以定期举办学术研讨会和学术报告，邀请教师和学者分享研究成果和学术观点。这有助于教师了解学科领域内的最新进展，拓宽学术视野。

学科论坛。学校可以组织学科论坛，让教师与同行进行学术交流。这种交流可以促进学科内的合作和互动，激发学术创新。

邀请学者讲座。学校可以邀请国内外知名学者来校讲学，为教师提供学术启发和学习的机会。这不仅可以提高教师的学术水平，也可以激发学生的学术兴趣。

学术期刊和出版。学校可以鼓励教师在学术期刊上发表论文和研究成果，为教师提供展示和交流的平台。同时，学校可以支持出版教师的著作，提高教师在学术界的影响力。

（三）跨学科培训与交流

考虑到法学专业的跨学科特点，学校可以积极推动跨学科培训与交流，让教师能够深入了解其他学科的最新发展和研究成果，拓宽学科视野，促进学科交叉与融合。以下是一些跨学科培训与交流的措施：

跨学科培训课程。学校可以开设跨学科培训课程，让教师有机会学习其他学科领域的知识和方法。例如，法学专业的教师可以学习其他学科的基础理论课程，了解不同学科的研究范式和方法论。

跨学科研讨会和学术交流。学校可以组织跨学科研讨会和学术交流活动，邀请其他学科的教师和学者参与。在这些交流活动中，教师可以分享各自学科的研究成果，探讨学科交叉的可能性。

跨学科研究项目合作。学校可以鼓励教师与其他学科的教师共同申请研究项目，开展跨学科研究。这样的合作项目不仅能够促进学科交叉，还可以为教师提供更广阔的研究视野。

跨学科学术论坛。学校可以组织跨学科学术论坛，让教师与其他学科的同行进行深入的学术交流。通过这些论坛，教师可以发现不同学科的共性和相互关联之处，激发跨学科研究的兴趣。

跨学科研究中心。学校可以设立跨学科研究中心，汇聚不同学科领域的专家。研究中心可以设立跨学科项目，鼓励教师和学生参与多学科合作研究，解决复杂的学术和社会问题。

通过以上措施，学校可以促进法学专业教师的跨学科思维和合作能力的培养，提高教师的综合素养和学术水平。跨学科培训与交流不仅有助于教师个人的学术发展，也有助于学校整体学科建设和学术交流氛围的形成。

二、教学评估与激励措施

（一）教学评估体系

学校建立科学完善的教学评估体系，是为了全面客观地评估教师的教学表现，以便为教学改进和提高教学质量提供有效的参考。该体系应该包括多个评估指标和多种评估方法，以确保评估的全面性和准确性。

学生评价。学生是教学的直接受益者，他们的意见和反馈对教学质量的提升至关重要。学校可以采用问卷调查、听课评价、在线评教等方式，收集学生对教师教学的意见和建议。学生评价可以涵盖教师的教学内容、教学方法、教学态度等方面，帮助教师了解自己的优势和不足。

同行评价。同行评价是指其他教师对教师教学的评价。学校可以组织同行进行互相听课、课堂观摩，并提供专业意见和建议。同行评价有助于促进教师之间的相互学习和提高，推动教学团队的协作发展。

教学成果评估。除了教学过程，教学成果也是评估的重要内容。学校可以考虑采用学生学习成绩、学术论文发表、教学项目获奖等方面的指标，对教师的教学成果进行评估。

（二）教学激励措施

为了激励教师积极参与教学改革和提升教学水平，学校应该制定相应的激励措施，以认可和奖励教师的努力与成绩。

教学成果奖励。学校可以设立教学成果奖，对在教学中取得显著成绩的教师进行表彰和奖励。奖励可以是荣誉称号、奖金或教学优秀奖学金等形式，以激励教师在教学上不断追求卓越。

教学贡献奖励。为鼓励教师在教学方面做出积极贡献，学校可以设立教学贡献奖励制度。这可以是对参与教学改革项目的教师给予额外奖励，或对在教学团队协作中表现突出的教师给予奖励。

教学改革项目资助。对教师提出的教学改革项目，学校可以给予资金支持，帮助教师将新的教学理念和方法应用到实践中。这种资助可以是一次性的项目启动资金，也可以是长期的项目资助计划。

教学优秀奖学金。为鼓励学生积极参与教学评估和反馈，学校可以设立教学优秀奖学金。对改进教学质量提供宝贵意见和建议的学生，可以给予一定的奖励，激励更多学生参与到教学质量的改进中来。

（三）教师职称评价与晋升机制

学校应该建立公平公正的教师职称评价与晋升机制，为教师的教学贡献和发展提供有序的路径与规划，激励教师在教学和学术研究方面持续发展。

评价内容。教师职称评价应该综合考量教师的教学表现、学术研究成果、教学改革与创新、社会服务等多个方面。这样可以确保评价的全面性，避免过分偏重某一方面的表现。

评价标准。学校应该制定明确的教师职称评价标准，包括各个职称的评价要求和达标标准。这样可以让教师清楚了解自己在不同职称评价要素上的表现，有针对性地提高自己的教学和研究水平。

晋升机制。学校应该建立公开透明的教师职称晋升机制，确保评价的公正性。教师晋升应该遵循一定的程序和规则，充分听取教师的申请和论证，确保每一位合格的教师都有机会获得晋升。

三、教师教学资源与平台建设

（一）教学资源支持

学校在教学资源支持方面发挥着至关重要的作用，为教师提供丰富的资源以提高教学效果。为了满足不同学科的需求，学校应该从多个层面提供支持。

教学设施与设备。学校可以投资改善教学设施和设备，包括教室、实验室、多媒体设备等，以提供舒适、现代化的教学环境。先进的教学设备可以帮助教师更好地展示教学内容，激发学生的学习兴趣。

教学用书与教学资料。学校应该定期更新教学用书和教学资料，确保教师和学生能够获取最新的学习资源。同时，学校应建设教学资源库，收集和整理相关学术书籍、期刊、电子资源等，为教师和学生提供学习参考。

教学技术支持。现代教学中，教学技术的应用起着重要作用。学校可以组织教师培训，提升教师应用教学技术的能力，包括多媒体教学、在线学习平台等。此外，学校还可以建设教学技术支持团队，为教师提供技术支持。

（二）教学平台建设

随着信息技术的快速发展，建设在线教学平台成为一种趋势。学校可以建设自己的在线教学平台，为教师和学生提供便捷的教学服务与丰富的学习资源。

课程管理系统。课程管理系统是教师进行教学管理的核心平台。教师可以在平台上发布教学大纲、教学进度、作业布置等信息。同时，学生可以通过平台查看课程信息、提交作业、查阅学习资料。

学习资源平台。学习资源平台是学校提供学习资料的地方。学生可以在平台上下载教学资料、查阅电子图书、观看教学视频等，方便学生进行自主学习。

交流互动平台。交流互动平台是师生之间进行沟通和互动的重要渠道。教师可以在平台上与学生在线交流、答疑解惑，学生也可以在平台上与其他同学讨论学习问题，促进学习氛围的形成。

在线考试与测评。在线考试与测评平台可以帮助教师进行学生学习成果的评估。学校可以建设相应的考试系统，方便教师进行在线考试和测评，及时了解学生的学习情况。

（三）教学成果展示平台

为了鼓励教师在教学改革中取得优秀成果，并为其他教师和学生提供学习借鉴，学校可以建设教学成果展示平台。

教学成果展示。教学成果展示平台可以包括教师教学视频、教学课件、教学设计等。教师可以在平台上展示自己的教学成果和教学改革案例，分享教学经验和心得。

优秀案例评选。学校可以设立评选机制，定期评选教学优秀案例，给予优秀教师表彰和奖励。这样可以激励更多教师参与教学改革，推动教学质量的提高。

教学反馈与评估。教学平台可以提供教学反馈和评估功能，让学生对教学进行评价和反馈。学生可以通过平台提交匿名评教，提供对教学的意见和建议，帮助教师了解学生的学习需求，改进教学方法和内容。教师可以根据评估结果对教学进行调整和改进，实现教学的持续改进。

教学支持资源。学校可以为教师提供教学支持资源，包括教学指导手册、教学案例分享、教学论坛等。教学指导手册可以为教师提供教学规范和方法指导，帮助教师设计教学活动和课程内容。教学案例分享可以让其他教师了解优秀的教学案例，从中学习借鉴，提升教学水平。教学论坛可以是教师交流教学经验和教学观点的平台，促进教师之间的相互学习与成长。

教学研究与创新项目资助。学校可以设立教学研究与创新项目资助，支持教师开展教学研究和改革项目。教师可以通过申请资助，开展课程设计改革、教学方法创新等项目，推动教学教改取得突破和进展。

（四）教师发展与教学改革的支持体系

建设教师发展与教学改革的支持体系是学校提高教学质量的重要保障。该体系应该包括以下几个方面：

学校领导的重视与支持。学校领导应高度重视教师发展和教学改革，将其纳入学校的发展战略和规划中。领导层应明确教师发展的重要性，为教师提供支持和鼓励，让教师有更多的机会和空间发展自己的教学特长。

教师发展计划和指导。学校可以制订教师发展计划，明确教师发展的目标和路径。教师可以与导员进行一对一的指导，帮助教师制订个人发展计划，明确学习和提升的重点。

培训与学习资源。学校应提供丰富的培训与学习资源，包括教学培训、学术研讨会、学习资料等。教师可以通过参与培训和学术交流，提升自己的教学和研究水平，不断更新知识和提高专业素养。

教学评估与激励机制。学校应建立科学公正的教学评估与激励机制，鼓励教师积极参与教学改革，推动教学质量的提升。教师的教学表现和贡献应该得到认可和奖励，优秀教师应该受到表彰和鼓励。

跨学科合作与交流。学校应鼓励教师跨学科合作与交流，促进学科之间的融合与发展。跨学科的合作可以丰富教学内容，拓宽教学视野，提高教学的综合素质。

师德建设与团队合作。学校应加强师德建设，培养教师良好的教育理念和职业道德。教师之间应加强团队合作，相互学习和支持，形成良好的教学团队氛围。

教师的专业素养和教学能力对提高法学专业教育质量至关重要。通过加强教师在学科知识、教学能力、学术研究等方面的培训，学校可以提高教师的综合素养和教学水平。同时，建设完善的教学资源与平台，推动教师教学改革和跨学科合作，有助于提升教学质量和培养优秀的法学专业学生。

通过建立培训与学术交流机制，学校可以提供丰富的教师培训和学术交流平台，帮助教师提升教学能力和学术水平。教学评估与激励措施的建立可以鼓励教师积极参与教学改革，为学校的教学质量提升做出贡献。此外，教师教学资源与平台建设和教学团队建设也是重要的支持措施，学校可以提供便捷的教学资源和交流平台，促进教师之间的合作与互动，共同提高教学水平。通过完善的支持体系，学校可以激励教师不断探索教学改革，为培养优秀人才和学科发展做出更大贡献。

第三节　法学专业教师培训与教学创新的实践案例

在法学专业教师培训与教学创新的实践中，学校可以采取多种措施和方法，以提升教师的专业素养和教学能力，推动教学改革与创新。

一、教师培训计划与交流平台

学校可以制订全面的教师培训计划，涵盖教学方法、学科知识、教学设计、教育技术等方面的培训内容。培训计划可以包括定期的教师培训课程、研讨会、讲座等活动，也可以包括线上学习资源，让教师在方便的时间和地点进行学习。此外，学校还可以建立学术交流平台，鼓励教师之间的学术交流和互动。通过定期组织学术研讨会、教学展示和教学观摩活动，教师可以分享自己的教学经验，学习借鉴他人的优秀教学方法，促进教学发展。

（一）教师培训计划

教学方法培训。学校可以定期组织教师参加教学方法培训课程，以提高教师的教学技巧和教学效果。这些培训可以涵盖多样化的教学方法，包括案例教学、小组讨论、互动式教学等，帮助教师更好地与学生进行互动，激发学生的学习兴趣。

学科知识更新。法学是一个不断发展和变化的学科领域，因此学校应当鼓励教师参与学科知识的更新和研究。学校可以组织专题讲座、学术研讨会等活动，让教师了解最新的学科动态和研究进展，保持学科知识的前沿性。

教育技术应用。随着教育技术的发展，学校可以为教师提供教育技术应用的培训，让教师掌握信息技术在教学中的应用方法，提高在线教学技术和教育平台的使用能力。

跨学科培训。为了培养教师的跨学科能力，学校可以组织跨学科培训活动，让教师了解其他学科领域的基本原理和知识体系。跨学科培训可以帮助教师在教学中更好地融合多学科知识，提供综合性的教学内容。

教学设计与评估。学校可以开设教学设计与评估的培训课程，帮助教师设计有效的教学方案和教学评估方式。教师在培训中可以学习教学设计的方法和技巧，了解如何根据学生的学习特点进行教学评估和反馈。

（二）教师交流平台

学术研讨会。学校可以定期组织学术研讨会，让教师分享教学和研究成果，促进教师之间的学术交流。学术研讨会可以涵盖多学科的主题，鼓励教师在跨学科领域进行合作研究。

教学分享会。学校可以组织教学分享会，让优秀的教师分享教学经验和教学方法。教师之间可以互相借鉴和学习，提高教学水平和教学效果。

教师团队建设。学校可以组建教师团队，让教师在团队中共同合作，共同解决教学中的问题。团队合作可以促进教师之间的交流和合作，形成学术氛围和合作氛围。

教学观摩活动。学校可以组织教学观摩活动，让教师观摩其他优秀教师的教学课程。观摩活动可以帮助教师学习他人的优秀经验，借鉴教学技巧和方法。

教学交流平台。学校可以建立在线教学交流平台，让教师可以在线交流和分享教学经验。这个平台可以是一个教学资源共享平台，让教师分享教学课件、教学视频等资源，也可以是一个在线交流平台，让教师进行在线讨论和交流。

二、跨学科教学与项目合作

为了培养学生的跨学科能力，学校可以推动跨学科教学的实践。不同学科的教师可以共同授课，将各自的学科知识融入教学中，使学生能够综合运用不同学科的理论与方法解决实际问题。此外，学校还可以鼓励教师参与跨学科项目合作。教师可以与其他学科的教师一起开展研究项目，共同探讨复杂问题，促进学科交叉与融合，培养学生的跨学科思维和合作能力。

（一）跨学科教学实践

跨学科教学是培养学生跨学科能力的一种有效途径。学校可以推动不同学科的教师合作，共同开设跨学科课程，将不同学科的知识和方法有机结合，为学生提供综合性的学习体验。

跨学科课程设计。学校可以邀请不同学科领域的教师共同设计跨学科课程。例如，法学院的教师与心理学院的教师可以合作开设"心理学与法律"课程，让学生了解心理学在法律实践中的运用，帮助学生更好地理解案件中当事人的心理需求和行为动机。

融合学科知识。在跨学科课程中，教师可以将不同学科的知识进行融合。例如，在"法律与经济"课程中，教师可以讲解经济学的基本原理，然后结合实际案例分析，讨论法律政策对经济活动的影响，培养学生对法律和经济的综合理解能力。

跨学科教学案例。学校可以建立跨学科教学案例库，供教师在跨学科课程中使用。这些案例可以涵盖不同学科领域的实际问题，让学生通过案例分析和讨论，学会跨学科思维和提升分析能力。

学生跨学科项目。学校可以鼓励学生参与跨学科项目，让学生在团队中与不同学科背景的同学合作，共同解决实际问题。例如，学生可以组成团队，参与社会调查研究，涉及法律、社会学、经济学等多个学科领域，从而培养学生的跨学科思维和合作能力。

（二）跨学科项目合作

为了促进学科交叉与融合，学校可以鼓励教师参与跨学科项目合作。教师可以与其他学科的教师共同申请研究项目，通过合作研究探讨复杂问题，为学生提供更广阔的学术视野和更多的实践机会。

跨学科研究项目申请。学校可以建立跨学科研究项目的申请机制，鼓励教师在项目申请中邀请其他学科的教师参与。例如，法学院的教师可以与社会学院的教师合作申请研究项目，共同研究社会问题与相关法律之间的关系。

跨学科研究团队。学校可以组建跨学科研究团队，将来自不同学科的教师和研究人员组织在一起，共同开展研究项目。这样的团队可以促进学科交叉与融合，形成学术合作和资源共享的氛围。

跨学科研究成果展示。学校可以组织跨学科研究成果展示活动，让教师分享跨学科研究的成果。这样的展示活动可以激励更多的教师参与跨学科研究，推动学科交叉与融合。同时，学生也可以参与展示活动，了解跨学科研究的重要性，加深对多学科合作的认识。

跨学科研究项目资助。学校可以为跨学科研究项目提供资助支持，鼓励教师积极参与跨学科合作。资助可以用于研究经费、实验设备、调查费用等方面，帮助教师顺利开展跨学科研究项目。

学术期刊发表。学校可以鼓励教师将跨学科研究成果发表在学术期刊上，与其他学者进行学术交流。发表论文可以增加学术影响力，推动学科交叉与融合的发展。

（三）案例分析

案例一：法学与心理学的跨学科合作

一所大学的法学院和心理学院合作开设了"司法心理学"跨学科课程。在这门课程中，法学教师讲授法律方面的内容，包括刑事心理学、证人心理学等，而心理学教师则介绍心理学的基本理论和研究方法。通过案例分析和讨论，学生了解了心理学在司法实践中的运用，如刑事被告人的心理辅导和证人证言的可信度评估等。该课程可以培养学生的跨学科思维，让他们能够在未来的法律实践中更加综合地运用法律和心理学的知识。

案例二：法学与社会学的跨学科研究项目

一组教师组成的跨学科研究团队，包括法学院的教师和社会学院的教师，共同开展关于"法律援助对弱势群体影响"的研究项目。该研究项目旨在探讨法律援助对弱势群体的权益保障和社会公平的影响。团队成员通过深入调查和访谈，收集了大量关于法律援助机构和弱势群体的数据。研究发现，通过法律援助获得帮助的弱势群体在访问司法资源和维护合法权益方面得到了明显改善。该研究项目得到了学校和政府的资助支持，并在相关学术期刊上发表了多篇论文，为促进法学与社会学的学科交叉合作做出了贡献。

通过跨学科教学，学校可以让学生接触到不同学科领域的知识与方法，培养他们的综合素养和跨学科思维能力。同时，通过跨学科项目合作，学校可以促进教师之间的学科交叉与融合，提高教师的教学水平和研究能力。这些举措将为培养学生的综合素养和其未来职业发展奠定坚实基础。

三、教学创新实践案例

构建法学专业课程教学案例库，是确保高质量法学课程教学的必要要素。然而，现有的法学案例库并未充分满足法学课程教学的需求。因此，亟须构建一种全新的教学案例库。这个案例库的构建应坚持服务于教学的理念，由教学经验丰富的教师团队负责案例库的规划、设计、收集和编辑，并在教学过程中持续改进和完善，最终打造一个富有独特教学特色、结构完整、符合现代教学要求的法学教学案例库。

（一）构建优质民法系列课程交互式教学案例库的必要性

1.民法系列课程的教学需要优质教学案例资源

法学是应用性学科，法学专业课程的教学离不开案例教学。所谓案例教学方法，是指授课教师借由案例作为教学材料，围绕教学主题，通过讨论、问答等师生互动的教学过程，让学生理解相关的概念或理论，并培养学生具有高层次能力的教学方法。案例教学方法几乎是所有法学课程课堂教学采用的方法，民法系列课程的教学更钟情于这种教学方法。具体原因有二：

其一，民法系列课程，多为法学本科专业必修课程，基本开设在本科第 2 学期至第 4 学期，授课对象主要是大一或大二学生。对这些低年级学生而言，民法有着纷繁复杂的法律概念和庞大的规则体系，这些抽象的概念和规则需要通过案例这个具体的载体进行有效联结，将抽象和具体建立思维的勾连，从而帮助他们构建民法学知识体系。

其二，民法与社会生活息息相关，通过案例的研讨互动，能激发学生作为法律人运用法律处理身边事的欲望，改变传统"教师说、学生听"的教学模式，既能活跃课堂气氛，提升教学品质，又能培养学生思考能力，锻炼学生理论联系实际的能力。

虽然教师都非常注重教学案例素材的收集，并且愿意花费大量时间和精力在筛选和编辑优质教学案例上，但由于教师个人力量有限，他们开发的案例数量有限且质量参差不齐。为了满足民法教学的需要，学校迫切需要构建一个交互式的教学案例库。这样的案例库将带来双重好处：一方面，能实现教学资源的共享，减轻教师的重复劳动，教师可以直接从案例库中获取所需的案例，从而丰富和改进自己的课堂教学；另一方面，能充分发挥教师集体备课的优势，各高校的教师可以在案例库中交流、分享教学案例，逐步丰富该案例库，使其成为一个宝贵的民法教学资源平台。这不但可以为教师提供更多优质案例，提升教学质量，还可以促进教学经验的传承和共享，推动民法教学的不断创新与发展。

2.民法系列课程的教学需要一个以教学为导向的专业案例库

目前，有许多法学案例资源网站可供使用，其中最常用的包括中国法学多用途教学案例库、北大法宝案例库、中国裁判文书网、中国法院网等。尽管这些案例库的案例资源看起来相对丰富，但从民法教学的角度考察，它们仅能满足部分的教学需求，无法达到专业、系统的教学案例库所要求的水平。具体原因分析如下：

（1）案例库提供的案例不太适合法律初学者

这些网站提供的案例，主要建立在我国法院裁判文书基础之上，通过介绍基本案情、争议焦点、裁判结果、裁判要旨等来展现实务案例。这对律师、法官等从事法律实务工作的人员而言，具有较强的实务指导作用，但对接触法律不久的低年级法学本科生而言，案例复杂冗长，内容晦涩难懂，很容易将学生学习民法的满腔热情浇灭。虽然，法律是实践的学科，实务案例的研习对法律学习者而言必不可少，但是法学本科教育的核心不是狭义的实务性课程，而是扎实的法律基础理论的教育。

（2）案例库提供的案例数量虽多，但范围上未能覆盖所有的教学知识点

以中国法学多用途教学案例库为例，其"教学案例"模块提供"民法总论"案例共233个，涉及民法基本原则（59个）、民事权利主体（15个）、民事权利客体（2个）、民事法律行为（61个）、民事代理制度（96个）等范围。民法总论的其他知识点，如民事法律关系、诉讼时效并无相关的案例支持。另外，案例库提供的案例数量和课程教学的重难点也不匹配，未按课程教学要求进行案例的合理筛选，仅是案例的归类与累积。实际上，教学案例贵在精而不在多，案例的大量堆砌将影响案例库在教学上的适用性。

（3）案例库提供的案例，与教学知识点的契合度较低

案例教学方法的最主要特征就是借由案例作为教学材料，促进师生互动，案例的内容必须与课程目标、教学主题密切结合，方能达到教学效果。然而，这些案例资源看起来丰富，实际上教学实用性较差，很难直接适用于课堂教学中。

由于现有的法学案例库并不满足教学的要求，因此迫切需要构建一个全新的、完全服务于教学的、优质的民法系列课程教学案例库。这个案例库应该提供的案例资源涵盖所有的教学知识点，并能够无缝地融入课程教学的各个环节中，从新课导入到理论讲解，从课堂讨论到实训演练，再到课后拓展和课程考核，每个教学环节都能充分地运用案例库中的案例资源。

3.民法教学改革需要线上交互式教学案例库的匹配

2018年教育部发布《教育信息化2.0行动计划》明确指出，教育信息化的核心内容在于教学信息化。教学作为教育领域的核心工作，教学信息化旨在实现教学手段科技化、教育传播信息化、教学方式现代化。在未来网络教学模式中，交互式教学平台将成为主流。因此，在网络上构建一个民法系列课程的交互式教学案例库，符合教学信息化的趋势。对民法教学改革而言，缺乏线上教学案例资源将难以成功打造现代化的法学本科在线课堂。无论是采用慕课、超星等线上课堂教学模式，还是翻转课堂这种线上线下混合教学模式，都需要配套的线上交互式教学案例库。因此，可以说，民法系列课程线上交互式教学案例库的建设，是民法在线课堂教学模式成功的基础。通过这样的交互式教学案例库，学生将能够更加灵活地学习、参与互动，教师也能更好地引导学生学习，实现教学的现代化和优质化。

（二）民法系列课程交互式教学案例库的构建

民法学博大精深，民法系列课程教学案例库的构建，应高屋建瓴、通盘考虑，既需要考虑民法体系的完整性，又需要考虑民法各课程的独立性，更需要考虑案例与课程教学的关联性。具体而言，案例库的成功构建需要以下步骤：

1.交互式教学案例库的设计理念是以教学为导向，在网络上建立一个既有知识传递功能，又有启发和拓展功能的，具有鲜明教学特色的、信息化的、交互式的教学案例库。

首先，该案例库应始终以教学需求为出发点，从整体框架到具体案例的设计，都应紧密围绕教学目标和教学内容展开。案例库的设计应考虑到教学过程中的不同环节，包括知识传递、问题解决、学术讨论等，以满足教学的多样化需求。

其次，案例库的案例类型应多样化，涵盖教学型、实务型和拓展型案例。教学型案例用于讲解核心知识点，实务型案例让学生运用知识解决实际问题，拓展型案例引导学生深入思考和探讨争议性问题。这样的设计能够满足不同教学阶段和教学目标的要求。

再次，该案例库应具备线上交互功能。通过设置互动交流模块，教师和学生可以积极参与案例库的建设和完善。教师可以分享自己的案例教学心得，提供宝贵的案例资源，学生可以发起讨论，提出问题，促进案例库的不断更新和优化。

最后，要实现案例库的上述设计理念，需要有一支合适的构建团队。这个团队的成员应深谙教学之道，熟悉教学规律。同时，团队需要具有法律实务工作经验的"双师型"教师，如兼职律师、仲裁员，以克服专家型教师缺少实践经验的弊端。这样的团队成员，有法律实务工作经历，熟悉法律事务中的风险点，深谙法律风险的防控机制和解决路径，在案例库的构建过程中，能较好地将理论知识与实务案例联系起来，切实落实从理论到实践和从实践到理论的双向回归。

2.选择合适的网络平台，科学设计案例库总体框架和构成模块

民法系列课程交互式案例库的建设是一项长期的、系统性的工程，需要像盖高楼一样，先有设计蓝图。案例库的总体框架如同高楼的地基和承重结构，而各构成模块则类似高楼内部的各功能空间区域。鉴于民法学博大精深、支脉庞杂、案例繁多的特点，案例库的体系性显得尤为重要，因此需要科学合理地构筑案例库的总体框架和各个模块。

构建这样一个线上案例库，确实需要一个合适的网络承载平台。考虑到高校法学教师主导建设团队，独立制作一个类似北大法宝的案例信息管理系统并不具备可行性，因为这需要计算机、网络等专业技术的支持，开发成本较高，还需要大量的制作经费和日后维护费用。因此，更为理性的选择是在现有的教育网络平台上寻找合适的合作伙伴，直接在其开放的平台上进行案例库建设。

这个网络平台首先应该满足案例库功能设置和数据容量的需求，并具有一定的普遍性，便于案例库的使用与推广。例如，中国慕课平台、超星平台等都是网络教育平台，与各高校有多样的合作关系，对和教学相关的项目较愿意提供相应的技术支持。同时，考虑到 2020 年新冠疫情传播时高校网络课程的推广，大多数高校的师生都下载并使用了前述平台的 App，这为将来线上案例库的使用与推广提供了操作上的便利。

一旦案例库建成，教师使用慕课或超星进行建课和授课时，就能直接进行案例资源的无缝对接，将相应的案例嵌入自建的网络课程中。这样的合作模式能够有效利用现有的网络教育平台资源，可以降低案例库建设和维护的成本，提高案例库的使用便捷性和推广效率。因此，选择在现有的教育网络平台上进行案例库建设，是一个明智和实用的方案。

3.梳理课程知识点，依据教学需求进行案例的收集和编辑

民法知识点繁杂，案例众多，需要精挑细选，反复斟酌。因此，案例的收集与编辑是案例库建设的重中之重，也是案例库构建中最繁琐、最需要耐心的细致工作。

构建团队可根据课时安排、知识点难易和教学经验，确定每个教学知识点需要的案例类型和数量，并据此收集相应的案例。将这些案例有机地融入交互式教学案例库中，将有助于实现民法系列课程的优质教学和知识体系的全面构建。

首先，教学目标的设计和知识点的梳理是构建民法系列课程交互式教学案例库的重要步骤。在开始案例库的建设前，应仔细梳理课程内容，根据教学目标和教学知识点的需求，确定案例的类别和数量。案例的难易和复杂程度各有不同，在教学过程中，需要根据案例的特点，确定它在教学环节中的最适角色。

从教学角度出发，可以将案例大致分为以下七类：第一，导入性案例。适合放在知识点讲授之前，用于引发学生思考、导入知识点的案例。第二，课堂教学案例。适合师生课堂互动、讨论的案例，可以用于教师引导学生深入思考和互动交流。第三，课后思考案例。适合留给学生课后思考或分组研讨的案例，帮助学生巩固知识并培养独立思考能力。

第四，裁判案例。体现知识点的、比较典型的实务判例，为抽象的法律规则转化为现实的法律运用提供示范作用。第五，法考案例。国家法律职业资格考试的真题案例，帮助学生理解与把握法考规律，为参加法考奠定基础。第六，拓展性案例。适合学生撰写评析性论文的案例，如存在实务争议和不同学术观点的案例，培养学生的学术研究能力。第七，综合演练案例。融贯实体法和程序法的教学案例，为学生参与法律实训提供参考和综合应用能力培养。以上仅是对案例类型做一个大体的划分，实际上，有的案例可能同时适合作为导入性案例和课堂教学案例，最终如何使用该案例，可以由教师根据自己的授课风格和教学需要自行确定。

其次，案例的收集与整理是构建民法系列课程交互式教学案例库的关键步骤。案例的收集渠道多样，可以通过报刊、网络等媒体获取，也可通过已出版的教材或案例集进行收集。然而，在收集过程中，必须根据教学需求对案例进行仔细甄别和筛选，保留那些具有新颖性、典型性、适合教学用途的案例，同时要注明案例的来源，充分尊重他人的知识产权。案例的表现形式应多样化，不仅限于文字形式和PPT，还可以包括视频、音频、图片等多种形式，以增加案例的趣味性和吸引力。筛选出合适的案例后，还需要根据教学需求进行适度编辑。例如，对于导入性案例，应注意篇幅不宜过长，应尽量简洁明了，并可以设置引导性问题，引导学生思考。对于裁判文书形式的案例，如从中国裁判文书网、人民法院网等渠道获得的，也应进行合理编辑和要点评析，去除冗余部分，保留精要内容，并设置思考题，以便于教学使用。另外，对于涉及理论前沿的案例，教师还应关联相关的学术论文或著作，引导学生关注前沿法律问题，培养学生的问题意识和学术能力。对于社会热点案例，还应采集与其相关的资料，如新闻报道、影视图片等视听资料，并加入案例库，以丰富案例素材，为教师进行案例教学提供形式多样的资料。通过精心收集和整理，确保案例库中的案例内容全面、丰富，并符合教学的实际需求，从而为民法教学提供有力支持。

最后，教学案例的设计。除了收集合适的案例，基于教学需要，团队还应创造一些"虚拟案例"。所谓虚拟案例，是指为教学或考核的需要，教师依据法律规则编造的，不具有真实性的案例。如采用"甲乙丙丁"为主角的方式合理、逻辑地设计案例情景，有意识地融入某个或某几个教学知识点，以考查学生对知识点融会贯通的程度，很多法考案例就属于虚拟案例。需要说明的是，这里所说的虚拟案例，不是指那些简单的、教师在课堂讲解时随意编造的小例子，而是有一些故事情节的、具有一定复杂性的、适合学生思考和研讨的案例，这类虚拟案例多以短篇故事的方式呈现，可读性强，对学生更具有吸引力，适合作为课后思考案例，以考查学生对民法理论和法律规则的掌握情况。

4.完善案例库路径

教学案例库的建设非一日之功即可完成。

首先，完成案例库的编辑和入库后，其初步形成一个基本框架。此时，需要将案例库投入实际教学中进行试用，以考查其在教学实践中的应用情况。通常，每门课程案例库的试用期应不少于两个学期，并安排至少两名授课教师以小组备课形式，利用案例库进行课堂教学。在试用过程中，教师可以总结教学实效，并提出修正意见。如果发现案例与教学知识点不契合或存在类似案例过多的问题，就应及时将不适合的案例剔除出库。同样，如果发现某知识点缺乏相应的案例支撑，或者现有案例编辑存在问题，就应及时增添新案例或修改原案例。这一过程是去粗取精、反复尝试，从而逐步完善案例库的核心环节。

其次，一旦案例库建成并初步完善，就应将其推荐给其他高校教师共同使用。并根据其他教师的教学反馈，对案例进行进一步修改，以不断提高案例库与教学的匹配度。案例库的建设旨在服务教学，因此在教学应用中，它可以得到进一步的完善。

最后，案例库建设团队应持续不断地对案例库进行升级和更新。教学案例库的建设是一个长期的、与时俱进的系统工程，而非仅仅是一个静态的案例汇编。构建团队需要紧密关注社会的发展态势，关注热点法律问题，以保持案例库的时代性、动态性特色。通过持续的升级和更新，案例库能够不断适应法学教学的新需求和新挑战，真正发挥其优质教学资源的作用。

参考文献

[1] 习近平.高举中国特色社会主义伟大旗帜　为全面建设社会主义现代化国家而团结奋斗：在中国共产党第二十次全国代表大会上的报告[M].北京：人民出版社，2022.

[2] 侯怀银.高等教育学[M]. 太原：山西人民出版社，2014.

[3] 戚静.高校课程思政协同创新研究[D].上海：上海师范大学，2020.

[4] 曾皓.在我国法学教育中融入隐性思想政治教育的路径探析[J].湖南警察学院学报，2020，32（1）：63-73.

[5] 马怀德.法学类专业课程思政建设探索与实践[J].中国高等教育，2022（6）：7-9+34.

[6] 佘双好.现代德育课程评价探析[J].学校党建与思想教育，2004（2）：13-17+27.

[7] 罗云方，杨震.行政法学课程思政教育教学改革探析：以塔里木大学为例[J].法制与社会，2020（12）：191-192.

[8] 杨宗科.新时代法学教育新理念新思想新战略[J]. 法学教育研究，2021，32（1）：3-20.

[9] 黄进.知行合一方能"德法兼修"[J]. 年轻人，2019（7）：28-29.

[10] 邱仁富."课程思政"与"思政课程"同向同行的理论阐释[J].思想教育研究，2018（4）：109-113.

[11] 陈楚庭.法学专业"课程思政"教学改革探析[J].学校党建与思想教育，2020（16）：51-52.

[12] 曾皓.高校法学专业课教师开展"课程思政"的理论依据与能力培育[J].齐鲁师范学院学报，2020，35（4）：42-48.

[13] 陈文彬.法学课程"课程思政"教学改革探索：以《刑事诉讼法》为例[J].北京政法职业学院学报，2021（1）：99-104.

[14] 崔晓.浅析"国际法学"课程思政目标设计和案例选择[J].决策探索（中），2021（1）：41-42.

[15] 原新利.法学专业课教学创新与课程思政融合模式的展开路径：以法学人才培养三维度要求为目标[J].石家庄学院学报，2023，25（1）：129-134.

[16] 程亚丽.法教义学方法下民法学课程思政建设的实现路径：以民法典见义勇为制度的教学为例[J].池州学院学报，2022，36（4）：126-129.

[17] 丁国峰，王港君.双一流背景下高校法学本科经济法学课程思政建设的困境与出路[J].思想政治课研究，2021（6）：127-138.

[18] 王学俭，石岩.新时代课程思政的内涵、特点、难点及应对策略[J].新疆师范大学学报（哲学社会科学版），2020（2）：50-58.

[19] 彭小霞.课程思政融于法学专业课程教学之路径探索[J].石家庄学院学报，2022（2）：119-123.

[20] 金威.加强高职院校思政课实践教学效果分析[J].就业与保障，2020（20）：121-122.

[21] 朱飞.高校课程思政的价值澄明与进路选择[J].思想理论教育，2019（8）：67-72.

[22] 张弛，宋来."课程思政"升级与深化的三维向度[J].思想教育研究，2020（2）93-98.

[23] 高锡文.基于协同育人的高校课程思政工作模式研究：以上海高校改革实践为例[J].学校党建与思想教育，2017（12）：16-18.

[24] 杨军.论我国法学教材编写存在的问题及解决[J].中国大学教学，2014（6）：87-90.

[25] 瞿郑龙.新时代法理学教材的与时俱进[J].中国大学教学，2018（7）80-85.

[26] 李永格. 困境与出路：法学本科实践教学体系探索[J]. 黑龙江省政法管理干部学院学报，2019（2）：149-153.

[27] 丁国峰.论我国法学教育"一体两翼"培养模式的构建与完善[J]. 河北法学，2018，（8）：2-13.

[28] 徐文娟，钟立新.全媒体环境下高校法学实验室与社区法律事务融合路径[J]. 教育教学论坛，2018（20）：76-77.

[29] 刘海芳.我国法学教育模式的创新研究：评《法学专业实践教学的理论与创新》[J].高教探索，2018（9）：145.

[30] 张英.高校法学专业创新创业教育的现实意义及教学组织模式探究：以广东技术师范学院法学专业《创新创业实践》课程开设经验为参考[J].高教探索，2018（8）：61-66.

[31] 石林.基于Android平台的远程教育法学专业实践教学[J].科技创新与生产力，2020（12）：55-57.

[32] 王文培.新时代加快涉外法治人才培养体系建设的思考[J].就业与保障，2023（02）：187-189.

[33] 张博."一带一路"倡议下涉外法治人才培养模式探究[J].民族高等教育研究，2022（04）：53-57.

[34] 王柠.论新时代涉外法治人才培养[J].法制与社会，2020（35）：166-167.

[35] 王群瑛.新时代法治人才培养的基本要求[J].中国高等教育，2018（19）：44-46.

[36] 刘瑞强.卓越军事法治人才培养的问题、目标定位与路径选择[J].高等教育研究学报，2023（02）：21-26.

[37] 钟英通.涉外法治人才培养革新路径探析[J].重庆第二师范学院学报，2022（04）：109-112.

[38] 巫晓伟.卓越法治人才培养的三个回归[J].法制与社会，2020（25）：156-157.

[39] 刘磊，王静，王海君，等.基于应用型制药工程人才培养的仿真实验教学浅析[J].中国卫生产业，2017（20）：74-75.

[40] 张继钢.法学专业课程思政改革的特点及路径[J].黑龙江教育（高教研究与评估），2023（01）：71-73.

[41] 霍艳梅.法治人才培养共同体的培育研究[J].河北工程大学学报（社会科学版），2023（02）：123-128.

[42] 刘青山，刘艳峰.法学专业课程思政教学改革探究[J].榆林学院学报，2022（06）：87-90.

[43] 喻军，闫明燕.课程思政教学改革策略：以独立学院法学专业为例[J].湖南工程学院学报（社会科学版），2022（04）：82-87.

[44] 王玉辉.新时代高校法学专业课程思政改革的困境与进路[J].当代教育理论与实践，2023（01）：1-6.

[45] 马怀德.贯彻习近平法治思想，培养高素质法治人才[N].中国教育报，2020-12-17（06）.

[46] 中国政府网.习近平：立德树人德法兼修抓好法治人才培养励志勤学刻苦磨炼促进青年成长进步[EB/OL].（2017-05-03）[2023-06-02].http://www.gov.cn/xinwen/2017-05/03/content_5190697.htm#1.

[47] 中国政府网.习近平在中央全面依法治国工作会议上发表重要讲话[EB/OL].（2020-11-17）[2023-01-07].https://www.gov.cn/xinwen/202305/content_6882580.htm#1.